파묘! 친일파 민영휘 첩과 아들의 묘가 사라졌다

■ 일러두기

1. 이 책의 원고는 2019년 7월부터 2024년 4월까지 『충북인뉴스』에 연재된 '충북지역의 부끄러운 친일잔재 답사기'를 수정·보완한 것이다.
2. 각 글의 제목과 내용은 『충북인뉴스』에 연재된 내용과 반드시 일치하지 않는다.
3. 제호의 '破墓'는 민영휘의 첩 안유풍의 묘가 파묘된 가운데 최근 1000만 관객을 동원한 영화 '파묘'에서 영감을 얻었다.
4. 책에서 사용한 단어 '한일병합(韓日倂合)'은 경술국치를 이르는 말이다.
1910년(경술년) 8월 29일 일제에 의해 강요된 '한일병합조약'이 공표되면서 대한제국은 일본제국의 일부로 흡수된다. '한일병합'이란 말은 일제국주의적 관점에서 사용된 단어다. 책에서는 일제강점기 시대에 '한일병합'이라고 표현한 언론기사 등을 다수 인용하면서, 이 단어를 그대로 사용했다.

충북 지역 친일 잔재 답사기 ❷

망묘

친일파 민병휘 첩과 아들의 묘가 사라졌다

충북인 NEWS

책머리에

파묘! 친일파 민영휘 첩의 청주 상당산성 묘가 사라졌다

 2007년 '친일반민족행위자 재산의 국가귀속에 관한 특별법'에 의거 국가에 귀속된 청주시 상당산성 토지에 남아있던 친일파 민영휘의 첩 안유풍과 아들 민대식의 묘가 홀연히 사라졌다.
 2022년 2월 6일 그의 묘를 찾아갔을 때 청주시 산성동 산28-1번지에 위치해 있던 안유풍의 묘와 석등, 묘지석이 자취를 감췄다. 산성동 114번지에 조성된 민대식의 무덤도 사라졌다.
 묘지 터에는 안유풍의 묘와 일본풍 석등, 묘지 기단과 묘지석 등 석물들이 존재했지만 묘는 완전히 자취를 감췄다. 아들 민대식의 무덤도 마찬가지다.
 묘지 터를 살펴본 결과 누군가가 안유풍의 묘와 석물 등을 이장한 것으로 추정됐다. 사라진 안유풍 묘의 모습은 어떤 모습이었을까?
 민영휘의 첩 안유풍의 묘소는 크기부터 남달랐다. 봉분 높이가 2m가량으로 높고 크다. 원숭이 모양의 석물 2점, 상석, 석등이 묘를 중심으로 배치돼 있다.

묘지 주변과 묘지로 가는 길에는 단풍나무로 배치돼 있다. 이 나무는 청주지역 최고의 단풍나무로 평가받았다.

이곳에 설치된 석물은 일본풍이거나 일본풍과 조선전통양식이 혼합돼 있다는 평가를 받는다. 한영희 전 백제유물전시관 학예사는 "이곳에 있는 석등은 전형적인 일본 양식"이라고 밝혔다. 또 "원숭이 모양의 석물은 조선 전통 양식도 아니고 그렇다고 온전한 일본식도 아니다. 적당히 혼합돼 있는 것"이라고 설명했다.

안유풍의 묘가 사라진 이유는?

안유풍의 묘가 자리한 충북 청주시 상당구 산성동 산28-1번지는 면적만 44만1390㎡에 달한다. 해당 토지는 민영휘 후손들이 소유하고 있었지만, 현재는 청주시가 지분의 3분의 1, 국가가 3분의 2를 소유하고 있다. 토지는 국가에 귀속됐지만 안유풍의 묘는 계속 존재했다.

필자는 2019년 12월 11일 <친일파 민영휘의 첩 안유풍 묘, 국가·청주시 땅에 '삐까번쩍' 건재>라는 제호의 기사를 통해 이 사실을 세상에 알렸다.

보도가 나가자 안유풍의 묘를 철거해야 한다는 의견이 제기됐다.

하지만 청주시가 상당산성 내에 설치된 친일파 민영휘의 첩 안유풍 묘에 대해 철거할 수 없다는 입장을 밝혔다.

친일반민족행위자 민영휘의 첩 안유풍의 묘. 청주시 상당구 산성동 산28-1번지에 소재했다.

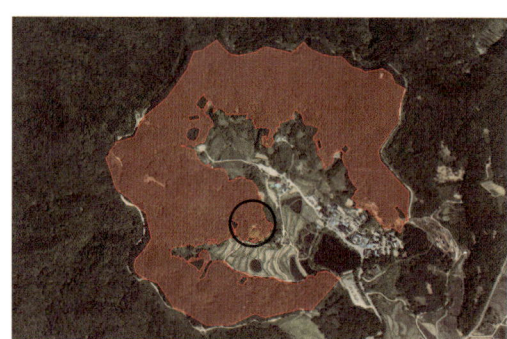

　당시 필자에게 청주시청 관계자는 "안유풍의 묘 이전과 관련한 법률 검토 결과 분묘기지권에 해당된다"며 "후손들이 이전하지 않는 한 청주시가 강제로 철거할 수 없다"고 밝혔다.

파묘된 안유풍의 무덤 전경.

분묘기지권?

'분묘기지권'이란 타인의 토지 위에 분묘를 소유하기 위해 분묘의 기지 부분의 토지를 사용할 것을 내용으로 하는, 관습으로 인정되는 지상권 유사의 물권을 말한다.

판례에 따르면, 토지소유자의 승낙을 받지 않고 묘지를 설치했다고 하더라도 20년 이상 지속됐다면 분묘기지권이 발생해 토지소유자가 임의로 처분할 수 없다.

또 원래 자기소유의 토지에 분묘를 설치한 후 소유권을 처분했다고 하더라도 '묘 이전'과 같은 별도의 약정이 없다면 이때도 분묘기지권이 발생한다.

취재를 통해 분묘기지권이 불성립한다는 것을 찾아내다

필자는 취재를 통해 청주시의 해명과는 달리 청주시가 안유풍의 묘에 대해 강제 철거가 가능한 것으로 확인했다.

확인 결과 '국유재산법' 제7조 ②항에는 '행정재산은 「민법」 제245조에도 불구하고 시효취득(時效取得)의 대상이 되지 아니한다'고 돼 있다.

안유풍의 묘가 있는 토지가 국고에 귀속돼 행정재산에 해당되는 만큼 분묘기지권도 적용 제외 대상이었던 것이다.

파묘(破墓)와 국고환수

2019년 12월 11일 필자는 기사를 통해 친일파 민영휘의 첩 안유풍의 묘가 청주의 상징과도 같은 상당산성에 있다는 것을 세상에 알렸다.

그로부터 26개월이 지난 뒤 안유풍의 묘가 파묘됐다는 사실을 확인했다. 그 뒤 2년 뒤인 2024년 4월에는 아들 민대식의 무덤도 파묘된 것을 확인했다. 하지만 안유풍의 묘가 어디로 갔는지, 어디에 새 둥지를 틀었는지는 확인하지 못했다.

또 하나 필자가 3년 동안 찾아 발굴한 조선신탁주식회사 명의의 토지 9필지 중 8필지가 국고에 환수됐다. 환수된 토지에는 민대식과 민천식의 묘자리도 포함됐다. 취재를 시작한지 3년만에 '파묘'와 '국고환수'라는 작은 결실을 맺었다. 과연 우리는 승리한 걸까?

 안유풍의 남편 친일파 민영휘의 묘는 강원도 춘천시에 오늘도 웅장한 모습을 드러낸 채 위용을 뽐내고 있다. 민영휘의 묘지를 관리하는 묘지기가 사용했을 것으로 추정되는 가옥은 문화재 대우를 받는다.

 청주시 상당산성에는 여전히 민영휘의 아들과 며느리의 묘가 떡하니 자리잡고 있다. 남아있는 숙제는 여전히 많다.

 파묘가 곧 일제강점기 시절 만들어진 친일 잔재 청산은 아닐 터이다. 하지만 친일파의 석물과 무덤이, 문화재 대우를 받는 가옥이 친일파 묘지기의 집이라는 것을 알지 못한다면 그들의 잔재는 문화재로 둔갑해 숭배 받는다.

 2024년 대한민국의 현실은 여전히 그렇다.

 그들의 무덤이 문화재가 되고 유산이 되는 그런 세상이 오지 않도록, 잊지 말자. 不忘!

2024년 5월

김남균

추천사

민주공화국을 향하여

　매일 꿈을 꿉니다. "아무렴 어떤가. 될 대로 되라지" 하지 않고 평화로운 세상을 꿈꿉니다. 온갖 구속으로부터 벗어나 자유롭고 평등하게 살기를 간절히 바라는 사회적 존재가 '사람'이라서 그런가 봅니다.
　당신은 어떤 세상을 원하십니까? 누구는 '사람 사는 세상'이라고 했습니다. "먹는 것 입는 것 이런 걱정 좀 안하고, 더럽고 아니꼬운 꼴 좀 안 보고, 그래서 하루하루가 좀 신명나게 이어지는 그런 세상. 적어도 살기가 힘이 들어서, 아니면 분하고 서러워서 스스로 목숨을 끊는 그런 일은 없는 세상"(노무현). 누구는 '노나메기' 세상이라고 했습니다. "너도 일하고 나도 일하고, 너도 잘 살고 나도 잘 살되 모두가 올바로 잘 사는 그런 세상"(백기완).

　대한민국은 민주공화국을 표방합니다. 민주공화국, 이 다섯 글자는 인생이 슬프고 세상이 막막한 사람들도 고루 잘 살도록 한다는 다짐을 담고 있지요. '민주'와 '공화국'이 합쳐져서 민주공화국입니다. 민주는 민중 자치를 가리킵니다. 국가가 무슨 중요한 일을 결정할 때 시민들이 나서서 결정권을 행사하는 것이 민주입니다. 국가가 공동선, 곧 모두의 이익을 추구하면 '공화국'입니다. 모두에 '의한' 나라가 민주국이라면, 모두를 '위한' 나라는 공화국입니다. 민주民主는 절차와 형식, 공화共和가 실질인 셈입니다. 절차도 중요하지만 실질은 더 중요합니다. 제 아무리 형식과 절차를 갖추었다 하더라도 그것이 모두를 위하는 것이 아니라면 빛 좋은 개살구입니다.

"민주주의가 정치적 권리의 동등권을 보장하는 것이라면, 공화국은 경제적 이익의 공공적 향유를 위해 존립하는 것이다."(김상봉)

민주는 꽃, 공화는 열매

정치 민주화가 꽃이라면, 경제 민주화는 열매입니다. 그런데 4년에 한 번씩 시장과 국회의원을 뽑고 5년마다 어김없이 대통령을 갈아치우지만, '되는 사람'만 되고 '사는 사람'만 사는 야속한 현실은 별로 달라지지 않았습니다. 꽃 피었다고 저절로 열매 열리는 게 아니기 때문입니다. 정치뿐 아니라 경제에서도 평등과 자유가 필요합니다. 경제가 세상을 다스리고 인민을 구제하는 경제제민經世濟民 하는 일이라면 경제 민주화는 필수입니다. 그것 없이 '사람의 평화'는 불가능합니다. 경제 발전에는 그토록 열을 올리면서 경제 민주화에 무관심한 것은 괴이쩍고도 우스꽝스러운 일이 아닐 수 없습니다.

유럽의 17-18세기가 정치권력의 민주화를 위한 시민 혁명기였다면, 19세기 이후는 경제권력의 민주화를 위한 투쟁기였습니다. 눈 밝은 선각자들이 경제권력을 민주적 통제 아래 두려고 안간힘을 썼던 것은, 그렇지 않을 경우 자본이 개인의 자유뿐 아니라 국가의 법질서를 침범하고 말 것임을 내다보았기 때문입니다. 한국사회가 그 실례입니다. 삼성을 비롯한 금권세력은 압도적 자본을 무기로 행정관료와 법조계는 물론 국회까지도 매수해버립니다. 언론을 주물러서 시민들의 눈을 멀게 하는 일은 너무나 쉬운 일이고, 학문과 예술까지도 자기들 이익을 위해 맘대로 다룹니다.

한편 나무에서는 봄에 꽃 피고 가을에 열매가 열리지만 민주와 공화는 꽃 먼저, 열매는 나중으로 미뤄도 되는 그런 일이 아닙니다. 주권자들은 한편으로는 정치 민주화를, 다른 한편으로는 경제 민주화를 다그쳐야 합니다. 두 가지를 동시에 추진해야만 민주공화국의 본령에 이를 수 있습니다. 끝없는 확장과 소유 극대화를 최고 가치로 여기는 자본이 "모두에 의한 국가는 얼마든지 오케이!" 하는 이유가 있습니다. 그것이 곧 모두를 위한 국가로 이어지지 않는다는 점을 누구보다 잘 알기 때문입니다. 슬프고 안타깝게도 우리는 해방정국에서 '모두를 위한 국가'의 싹이 잘리는 바람에 선뜻 민주공화국으로 나아가지 못하고 있습니다. 오늘의 정체현상을 설명해줄 두 가지 사례를 말씀드립니다.

빙산의 일각1

1945년 8월 15일 해방 시점까지 조선은행권 발행고는 약 50억 원이었는데 일본은 항복 이후 두 달 남짓한 기간 동안 약 35억을 추가로 발행했습니다(김기협). 그전의 조선은행권은 일본에서 인쇄해서 가져왔는데 이번에는 판형을 아예 조선으로 들여와 서울에서 찍었습니다. 짧은 시기에 그 엄청난 돈을 발행하려니 관영 인쇄소만으로 모자라 민간 인쇄소까지 징발했다고 합니다. 짐 싸서 돌아가기에도 바빴을 일본이 왜 그러고 있었을까요? 인쇄의 질이 하도 나빠서 상인들은 "붉은 돈"이라며 받지 않으려 했는데 이를 정화正貨로 인정하여 유통시킨 것은 미군정이었습니다. 그러면 기존 통화량의 70%에 이르는 막대한 돈은 도대체 어디로 흘러갔을까요? A급 친일 기업인 박흥식이 1946년 3월 재판을 받던 중 해방 직후 일본 고위층에게 4,850만원을 받은 사실이 드러났습니다. 친일파 집단에 뿌려진 수십억 원 중 빙산의 일각입니다. 산업과 경제가 망가진 그 당시 친일파 집단의 막강한 현금 동원력이 친일하다가 친미 반공주의자로 변신하는 극우세력의 뒷배가 된 것은 불 보듯 뻔한 사실입니다. 민주와 공화의 꿈은 그때부터 짓밟히고 있었습니다.

빙산의 일각2

인생사에서 문제가 되는 것은 언제나 토지였습니다. 현금 자산은 그렇다고 치더라도 땅은 어떻게 되었습니까? 우리가 잠든 사이에 똑같은 일, 아니 그보다 더 한 일이 벌어지고 있었습니다. 그 사연과 그 사실을 실증적으로 밝힌 작업 결과가 바로 이 책에 담겨있으니 꼭 읽어주시기 바랍니다. 나라를 팔아넘긴 대가로 떵떵거리며 호의호식했던 여흥민씨驪興閔氏 민영휘 일가가 대대로 '땅땅'거리는 실상은 '민주'가 '공화국' 되지 못하고 가다 서다를 반복하는 속 터지는 배경을 알게 해줍니다. 충북 진천/ 음성/ 옥천/ 괴산/ 문의 등지에 산재한 친일 후손의 땅은, 상위 1%가 전체의 55%를 차지하는 부동산 불평등의 근원입니다. 일본이 마구 찍어서 매국노들에게 넘겨준 현금이 오늘날 상위 1%가 전체 자산 25%를 소유하는 자산 불평등을 만들어냈듯이 말입니다.

"민주주의가 악을 최소한 하는 데 그치지 않고, 선을 최대화하는 데 이바지하는 제도가 되도록 하려면 어찌 해야 할까? 첫째 시민들이 훌륭해져야 하고, 둘째 훌륭한 시민들이 정치에 많이 참여해야 한다."(아리스토텔레스)

아주 똑 부러지는 말씀입니다. 언론의 의무, 기자와 시민의 사명을 훌륭하게 수행해낸 『충북인뉴스』와 김남균 기자의 빛나는 성취에 경의를 표하는 바입니다. 덕분에 '정신과 영혼의 파묘'라는 과제와 숙원이 얼마나 절실하고 시급한 일인지 다시 한 번 깨닫게 되었습니다. 고맙습니다!

김인국 생극성당 주임신부

추천사

대기자 김남균의 파묘(破墓)

　대기자 김남균은 이렇게 말한다. "정의는 주어지는 것이 아니라 쟁취하는 것이다!" 영혼을 울리는 이 말은 일제강점기에 단재 신채호 선생이 남긴 격언을 현재 언론 상황으로 바꾼 것이다. 단재 신채호 선생은 이렇게 말했다. "독립은 주어지는 것이 아니라 쟁취하는 것이다!" 시대의 선각자는 어두운 밤에 홀로 등불을 들고 길을 비추는 형형한 정신(Geist) 자체다. 현대사회는 캄캄한 하늘의 별도 사라지고, 가야 할 길도 보이지 않는 망망한 밤바다에 떠 있는 배와 같다. 자본과 권력이 인간의 욕망에 불을 지피고 천민을 강요하기 때문에 언론 정의와 직설 직필을 지키기 쉽지 않다.

　학생운동, 노동운동, 민중운동으로 20년을 보낸 투사 김남균은 어느 날 언론운동에 투신했다. 그때 사람들은 김남균 그가, 언론의 정글에서 과연 살아남아서 기자로 이름을 남길 것인가에 대하여 염려하는 한편, 분명히 그는 살아남아서 기자로 큰 이름을 남기리라 기대했었다. 얼마 지나지 않아 그의 펜은 빛났다. 현장의 생생한 사실을 심층 취재하고 현장의 언어와 현장의 감성으로 한 줄 한 줄 써 내려가는 그의 기획 기사에 숨겨진 사실들이 하나씩 밝혀졌다. 그리고 다른 언론이 꺼리는 주제도 그의 글을 거쳐서 사회적 의제가 되었다. 그의 입장은 민족문제를 충북정신으로 실천하는 자기반성이었다. 이 말은 타자를 무조건 비판하는 것이 아니라, 역사철학적 고양(Aufhebung)을 통하여 민족문제를 재정립한다는 뜻이다.

전국적 명성을 가졌던 『충청리뷰』에 재직하던 시절의 김남균 기자는 수많은 기사로 수많은 사실을 환하게 밝혔다. 그리고 기사를 통해서 사회적 전망을 제시했다. 그는 무조건 비판하고 폭로하는 기자가 아니었다. 알고 보면 그는 아침이슬처럼 맑고 서정적이고 유순한 사람이다. 그런 점에서 그의 비판은 애정을 담은 뼈아픈 자성(自省)이었고 그의 폭로는 나와 너에 대한 반성이었다. 그로부터 얼마후 그는, 역시 언론 정의를 실천하던 권혁상 기자와 함께 『충북인뉴스』에서 디지털 시대 디지털 언론의 길을 걸어갔다. 그후 오옥균, 최현주 기자가 고난의 장정에 합류했다. 자본의 압박 속에서 언론을 지키는 것은 눈물겨운 고난의 장정(長征)과 다르지 않다. 모든 언론이 정론과 직필(直筆)을 말하지만, 작은 언론사 『충북인뉴스』보다 치열하게 실천하는 언론은 드물다.

그의 목적은 분명하다. 그것은 정의롭고 진실한 사회를 향한 유토피아적 전망이다. 착한 약자를 보호하고 무도한 강자를 축출하려는 그의 펜은 무디지 않아서 충북사회와 대한민국에 상당한 울림을 남겼다. 그의 언론 자취도 어언 15년에 이르렀다. 그가 이룬 아름다운 언론 공적을 다 기록할 수는 없을 것이다. 그런 그가 한국사회를 '파묘(破墓)'하기로 작정했다. 분단과 매판의 뿌리인 친일 오류를 파헤치기 시작한 것은 10여년 전이다. 그의 세계관에서 친일은 단순한 일본 추종이 아니라, 반민족 반민중의 정신분열이다. 그는 해방 이후에도 이토 히로부미를 '이또공'으로 호칭한 박중양(朴重陽, 1874~1959)의 언행을 분석하여 친일파의 정신분열을 입증했다.

대기자 김남균은 치열한 정신으로 친일 잔재를 추적하여 특별 기획 기사를 수십 차례 썼다. 그중, 민영휘 일가의 재산축적, 일제의 작위 수수, 묘소에 얽힌 사정 등을 치밀하게 추적하여 백백명명하게 밝혀놓았다. 세도가였던 민씨 가문의 부끄러운 역사가 밝혀지고 한국민족사의 심층에 숨겨져 있던 치부들이 속속 드러났다. 그의 파묘(破墓)는 구체적인 사실을 밝히고, 그것이 구한말과 일제강점기를 거친 한국 지배계급의 전형적 가계도라는 사실까지 밝힌 것이기 때문에 중요하다. 치열한 열정을 묶은 책, 『파묘』는 이렇게 탄생했다.

『충북인뉴스』의 기자 집단지성이 함께 만든 저작 『파묘』는 민족 분단을 거친 대한민국 사회가 앓고 있는 병리 현상을 진단한 것이다. 김남균 기자는 『파묘』에서 친일반민족행위자 민영휘(閔泳徽, 1852~1935)의 행적을 밝히고, 친일파 충북도지사 박중양의 악행을 밝혔다. 그런

점에서『파묘』는 머리로 쓰기 전에 가슴으로 쓴 장렬한 서사시다. 자기 부정과 자기반성을 통한 자기정립의 역사철학적 행정이 바로, 서사시『파묘』다. 어두운 과거를 비추어 환하게 드러내고, 불망의 기록으로 남기는『충북인뉴스』김남균 대기자의 글은 언제나 휘황할 것이다. 그 언론 여로에 이정표『파묘』가 놓여 있다.

김승환 충북대 명예교수

차례

제1부 파묘

1편. 천하명당 자리에 꾸며진 그들의 묘를 찾아내다 24
2편. 친일파 민영휘와 첩 안유풍, 그리고 민씨 일가 29
3편. 상당산성은 민영휘 일가의 가족묘지였다〈1〉 32
4편. 상당산성은 민영휘 일가의 가족묘지였다〈2〉 40
5편. 청주시에 파묘를 촉구했다. 돌아온 답변은? 43
6편. 파묘의 길을 찾다! 46

제2부 국고 환수

7편. 민영휘 일가의 땅이 남아있었다고? 50
8편. 조선총독부가 작성한 토지등기부를 뒤지다 54
9편. 민영휘 첩 안유풍은 무슨 돈으로 땅을 샀을까? 59
10편. 조선신탁주식회사 명의의 땅을 찾아라! 62
11편. 친일재산 환수는 '개뿔' 민영휘 후손은 여전히 땅을 판다 69
12편. 작은 승리! 마침내 조선신탁주식회사 명의 8필지, 국고에 귀속되다 74

제3부 탐욕

13편. 남이섬 설립자 민병도에 흘러간 민영휘의 음성군 토지 80
14편. 부자세습 친일파 민대식, 청주 문의면 일대 7만8000여㎡ 소유 85
15편. 민영휘 일가 1910년대 진천군 토지 35만㎡ 소유 90
16편. 민영휘 일가 음성군에 154만1925㎡…소작농 생산량 절반 수탈 92

17편. 민영휘 일가, 충북 옥천군 토지도 집어 삼켰다　　　　　　97
18편. 괴산에도 57만675㎡ 토지 보유　　　　　　　　　　　99
19편. 을사오적 이근택도, 남작 이해승도 괴산에 토지 소유　　102
20편. '나라를 팔아 첩(妾)을 얻다' 민씨 일가가 일본인 첩을 얻은 이유　104
21편. 민영휘 일가, 이순신 장군의 묘소위토까지 팔아먹으려 했다　108

제4부 불망

22편. 골프에 빠진 친일파, 일제강점기 충북의 골프마니아는?　　116
23편. '불멸의 애국옹' 대한제국 최후 군인 청주사람 이원하를 아십니까?　122
24편. 얼빠진 애국옹과 청주 모충사의 빗나간 모충사상　　　　131
25편. 반민특위 '일제 충견' 기소한 친일파 기념비가 학교에 우뚝?　138
26편. 없애도 시원찮은데…또다시 세워진 반야월 노래비　　　145
27편. 여전히 사라지지 않는 친일파가 만든 시(군)민의 노래　　150
28편. 친일행적 반야월은 충청북도 '명예도민', 제천시 '명예시민'　154

제5부 아베 군수

29편. '아베' 군수의 탄생　　　　　　　　　　　　　　　　160
30편. "보은군수는 아베의 앵무새"　　　　　　　　　　　　168
31편. 병풍 사과 그리고 주민소환운동　　　　　　　　　　　172
32편. 주민소환 추진 위해 '정상혁 보은군수 퇴진 운동본부' 출범　174
33편. 주민소환운동! 드디어 시작되다　　　　　　　　　　　176
34편. 끝내 좌절된 '아베 군수' 주민소환　　　　　　　　　　180

제1부
파묘

천하명당 자리에 꾸며진 그들의 묘를 찾아내다 _ **1편**

친일파 민영휘와 첩 안유풍, 그리고 민씨 일가 _ **2편**

상당산성은 민영휘 일가의 가족묘지였다〈1〉 _ **3편**

상당산성은 민영휘 일가의 가족묘지였다〈2〉 _ **4편**

청주시에 파묘를 촉구했다. 돌아온 답변은? _ **5편**

파묘의 길을 찾다! _ **6편**

천하명당 자리에 꾸며진
그들의 묘를 찾아내다

청주 최고의 단풍나무로 꾸며진 안유풍의 묘

2019년 늦은 가을, 국가와 청주시가 공동으로 소유하고 있는 청주시 산성동 상당산성 내 토지에 친일파 민영휘(1852~1935)의 둘째 부인 안유풍의 묘가 여전히 존재하는 것을 확인했다.

그것도 자랑스런 대한민국 정부의 이름으로 소유한 땅에, 그의 묘가 있었다.

민영휘의 첩 안유풍의 묘는 크기부터 남달랐다.

봉분 높이가 2m가량으로 높고 크다. 원숭이 모양의 석물 2점, 상석, 석등이 묘를 중심으로 배치돼 있다.

묘지 주변과 묘지로 가는 길목에는 단풍나무로 배치돼 있다. 이 나무는 청주지역 최고의 단풍나무로 평가받는다.

이곳에 설치된 석물은 일본풍이거나 일본풍과 조선전통양식이 혼합돼 있다는 평가를 받는다. 한영희 백제유물전시관 학예사는 "이곳에 있는 석등은 전형적인 일본 양식"이라고 밝혔다. 또 "원숭이 모양의 석물은 조선 전통 양식도 아니고 그렇다고 온전한 일본식도 아니다. 적당히 혼합돼 있는 것"이라고 설명했다.

친일파 일가의 무덤은 어떻게 국가소유의 땅에 버젓이 남아 있을까?

　안유풍의 묘가 자리한 충북 청주시 상당구 산성동 산28-1번지는 면적만 44만1390㎡에 달한다.
　해당 토지는 민영휘 후손들이 소유하고 있었지만 현재는 청주시가 지분의 3분의 1, 국가가 3분의 2를 소유하고 있다.
　청주시는 2005년 민영휘의 후손들로부터 지분의 3분의 1을 4억여 원을 주고 매입했다.
　2007년 '친일반민족행위자 재산의 국가귀속에 관한 특별법'에 의거 나머지 3분의 2는 국가에 귀속됐다.
　안유풍의 묘가 자리한 땅의 지번은 충북 청주시 흥덕구 산28-1번지. 등기부등본을 확인한 결과 1971년 민영휘의 후손인 민덕기, 민병유, 민병수의 명의로 소유권이 이전됐다.

친일반민족행위자 민영휘의 첩 안유풍의 무덤. 청주시 상당구 산성동 산28-1번지에 소재했다.

청주시 상당산성 안에 소재한 안유풍 무덤 모습.

안유풍의 묘에 설치된 석물.

안유풍의 묘에 설치된 석등. 전 백제유물전시관 한영희 학예사는 이곳에 설치된 석등은 전형적인 일본 양식이라고 설명했다.

안유풍의 묘소로 가는 길 전경. 안유품의 무덤 주변에는 조성 당시 식재된 것으로 보이는 단풍나무가 위용을 뽐내고 있다. 청주에서 단풍이 가장 아름다운 곳으로 알려져 있다.

　소유자 민덕기는 민병수의 아들이다. 민병수는 민영휘와 안유풍의 첫째 아들인 민대식의 아들이다.
　2004년 청주시는 해당 토지가 존재하는 상당공원 일대에 대한 공원화 사업의 일환으로 매입에 나섰다.
　2004년 12월 청주시는 법원으로부터 강제경매입찰을 통해 해당 토지의 지분 3분의 1을 낙찰받고 2005년 소유권을 이전했다.
　친일파 후손의 땅이므로 강제로 국가에 귀속해야 한다는 지적이 일었지만, 청주시는 민씨 일가의 후손들에게 국민의 피같은 세금 4억여원을 지급했다.
　나머지 지분 3분의 2는 2007년 '친일반민족행위자 재산의 국가귀속에 관한 특별법'에 의거, 국가에 귀속됐다. 이 과정에서 민영휘의 후손들은 각종 소송을 통해 국가 귀속에 저항했다.

친일반민족행위자 민영휘의 무덤은 강원도 춘천시에 소재해 있다.

친일파 민영휘와 첩 안유풍 그리고 민씨 일가

**민영휘, 정실 부인 외에 여러 명의 첩 거느려
안유풍 사이에 아들 세 명, 정실부인 사이에는 자식없어 양자 입양**

민영휘는 굳이 설명을 하지 않아도 될 정도로 악명 높은 친일파다. 2007년 대통령직속 친일반민족행위진상규명위원회가 선정한 '친일반민족행위자' 명단에 포함됐다. 2008년 민족문제연구소에서 발간한 '친일인명사전'에도 포함됐다.

민영휘의 본관은 여흥이고 명성황후의 친척 조카다. 관직에 있을 때 수탈한 재산을 바탕으로 일제강점기 시절 조선 최고의 갑부가 되었다.

1907년 친일보부상 단체인 동아개진교육회 찬성장으로 선출됐다. 그해 10월에는 한국을 시찰하러 온 일본 황태자를 환영하기 위해 조직한 신사회(紳士會) 환영위원장을 맡아 행사를 주도했다. 그 공로로 1909년 일본정부가 주는 '일본황태자 도한기념장'을 받았다.

1909년 12월 일진회가 발표한 '합방청원서'와 경쟁하기 위해 이완용이 중심이 돼 결성한 '국민연설회' 총대위원으로도 참여했다.

조선의 국권피탈에 앞장선 공로로 1910년 일본 황실로부터 '자작' 작위를 받았다. 1912년에는 '한국병합기념장'을 받았다. 1928년 7월 일본 정부가 주는 금배(金杯), 11월에는 은배(銀杯)와 쇼와대례기념장도 받았다.

민영휘의 '휘'를 따서 휘문…안유풍의 '풍'을 따서 풍문
안유풍은 누구…민영휘의 첩, 자손들이 사후 '풍문여고' 설립

안유풍은 민영휘의 첩이다. 일제강점기 시절 조선 최대 갑부였던 민영휘는 여성 편력이 화려했던 것으로 전해진다. 민영휘의 정실부인은 '대방(大房)마마'로 불렸던 신씨(申氏)였다. 신 씨와의 사이에선 아들이 없었다.

민영휘의 첩인 안유풍은 '해주마마'로 불렸다. 민영휘에게는 이 외에도 평양마마, 연당마마 등 여러 명의 첩을 두었다.

민영휘와 안유풍 사이에는 대식·천식·규식 세 아들이 있었다. 셋째 아들 민규식은 후에 조선총독부 중추원 참의까지 올랐다. 아버지와 아들 모두 거물 친일파가 된 것이다.

1935년 12월 말, 민영휘가 84세 되던 해 사망하자 당시 잡지『삼천리』는 '1천 2백만원이라는 민영휘 재산은 어디로 가나'라는 제목의 글을 실었다.

민영휘는 자신의 이름을 따서 현재의 휘문학원을 설립한 인물. 그의 첩이었던 안유풍은 풍문여고 설립과 관계가 있다.

1936년 안유풍이 죽자 그의 아들이 '어머니의 유훈'이라며 설립자금을 내고 초등학교를 설립했다. 이후 풍문여학교를 설립하면서 안유풍의 '풍'자를 따 풍문학원이라 이름을 지었다.

<민영휘 일가 가계도>

부인·첩	2세(아들·딸)	3세(손자·녀)	4세(증손자·녀)	5세(고손자·녀)
정부인	**민형식**(閔衡植) 1875~1947 장자, 입양	민병주(閔丙疇)	민성기(閔聖基) 1918~1984	민경보(閔庚輔) 고손녀1명
			민승기(閔承基)	
			민효기(閔孝基) 증손녀 3명	
		민병길(閔丙吉)	민호기(閔號基)	
나씨(중국인)	**민병옥**(閔丙玉) 딸			
평양마마	없음			
연당마마	없음			
해주마마 (안유풍)	**민대식**(閔大植) 1882~1951	민병수(閔丙壽)	민덕기(閔德基) 1915~1980 풍문학원 이사장	민경현(閔庚玄) 1933
				민경백(閔庚白)
				민경목(閔庚穆)
				민경화(閔庚和)
				고손녀1명
			민헌기(閔獻基) 1928~	
			민공기(閔公基)	
			민석기(閔奭基)	
			증손녀6명	
		민병옥(閔丙玉)	민왕기(閔旺基)	증손녀6명
			증손녀3명	
		민병완(閔丙玩)	민흥기(閔興基)	
			민풍기(閔豊基)	
			증손녀1명	
		민병선(閔丙璿)	증손녀3명	
		민병소(閔丙玿)		
		민병무(閔丙珷)		
		증손녀 4명		
	민천식	민병도(閔丙燾) 1916~2006	증손녀2명	
			민웅기(閔雄基) 1943~	
			민인기(閔麟基) 휘문고교이사장	민경현(閔庚玄)
			민광기(閔光基) 1947~	
		딸1명		
	민규식	민병서(閔丙瑞)		
		민병유(閔丙猷) 1926~		

친일파 민영휘와 첩 안유풍, 그리고 민씨 일가 31

상당산성은 민영휘 일가의
가족묘지였다 <1>

민영휘·안유풍 3남 민천식의 묘… 왜색 가미해 호화롭게 치장
풍수전문가 "산중명당으로 용이 은신하는 자리"
일제강점기 한일은행 지배인 대리 역임
민영휘가 갈취한 재산, 민천식 일가 승계

청주시 상당구 산성동 138번지(2317㎡)와 142번지(1131㎡)의 소유자는 2022년 12월 13일까지는 민영휘 일가가 일제강점기 설립한 조선신탁주식회사였다. 현재 소유자는 대한민국 정부다.

이곳에는 무덤 2기와 묘지기가 거주했던 건물이 현재까지도 남아 있다.

묘지의 주인은 누구일까?

묘비에는 통훈대부행(通訓大夫行), 홍릉참봉(弘陵參奉) 여흥(驪興) 민천식(閔天植)지(之)묘(墓), 배숙인(配淑人) 전주 이씨(全州 李氏)라고 돼 있다.

풀어보면 조선시대 제일 말단관직인 종9품직을 지낸 민천식과 그의 부인인 전주이씨의 묘라는 것이다.

묘비에 새겨진 것으로 보아 민천식이 홍릉을 관리하는 종9품 직인 참봉을 지냈다는 것을 알 수 있다.

친일파 거두 민영휘(위 사진속 인물) 일가가 사적지 제212호인 청주 상당산성 내에 민영휘의 첩과 두 아들, 증손자의 묘 등 총 9기를 조성한 것으로 확인됐다. 사진 속 묘는 민영휘의 아들 민천식의 묘.

종9품 말단 참봉의 묘비가 화려한 이유는?

 민천식의 묘비석에는 구름 같은 갓이 씌워져 있다. 조선시대 묘 비석에 갓을 올릴 수 있는 것은 묘지의 주인이 당상관(정3품) 이상의 관직을 지낸 경우라고 알려져 있다.
 이런 면에서 묘 관리를 맡은 말단 종9품에 불과한 민천식의 묘 비석에 구름 같은 갓은 애초에 어울리지 않는다.
 이렇게 민천식의 묘가 호화롭게 조성된 배경은 뭘까?
 민천식은 바로 으뜸가는 친일파이자 당시 최고 갑부인 민영휘의

상당산성은 민영휘 일가의 가족묘지였다 33

사적 제212호로 지정된 청주시 상당산성 전경.

아들이기 때문이다.

1936년 6월 1일 발행된 잡지『삼천리』는 '1200만원이라는 민영휘 재산은 어디로 가나?' 기사에서 민천식에 대해 언급한다.

『삼천리』는 "민영휘 씨는 과연 유사 이래로 각 부호가들의 밟은 바 여인계 행정의 수준을 훨씬 뛰어 나아가, 그의 절륜한 정력의 입아지된 여인군상이 얼마인지를 헤아릴 수 없는 중, 매일 좌우에 시립하고, 매야에 그의 향악을 위하야 대기하는 여성이 많았든 만큼, 대방마마를 수위로, 평양마마, 해주마마를 차석으로 연당마마 무슨 마마 하며 5, 6인의 첩실이 각각 주둔소를 설치하여 가지고 열석하여 계시다"며 민영휘의 복잡한 여성편력을 설명한다.

이어 "그럼으로 (민영휘)씨의 그로 인한 인과이든지 대방마마께서는 혈속이 불행히 없고, 평양마마도 남자로는 없고, 오직 열위 중에 대복을 가진 해주마마가 삼형제의 아들 대식, 천식, 규식을 두어 삼위일체의 아기자기한 장면을 맨들었는데…"라고 언급한다.

여기서 언급되는 '대방마마'는 민영휘의 정실부인이고 '해주마마'가 민천식의 어머니 안유풍이다.

민천식은 당시 돈 1200만원(2010년 기준 8000억원, 친일반민족행위자 재산조사위원회 보고서)의 재산을 소유한 민영휘의 재산 중 상당 부분을 상속받는다.

『삼천리』는 기사에서 먼저 "민영휘씨가 세상의 예잡을 등지고, 영작, 화위, 극귀 극부, 애자, 총첩을 다 버리고 일거귀불귀를 한 후 민씨의 그 거대한 재산이 과연 어디로 갔나?"라고 묻는다.

이어 "(민)씨가 생존할 시에 대체의 분배는 정하여 있어따 한다"며 "대체 윤곽을 보면, 민대식씨가 제일 거대한 분배를 받고, 그 다음이 민규식, 또 그 다음이 민천식(死亡)"이라고 밝혔다.

세부적으론 "천식(미망인이 관리)씨가 4만석의 토지와 수만원의 현금을 가졌다"고 밝혔다.

민영휘의 재산 물려받은 민천식의 권세는?

민천식은 조선왕실의 외척으로 최고 권세를 가졌고 당대 최고 부자였던 민영휘의 아들이었던 만큼 시시콜콜한 동정까지 언론에 보도된다.

청주시 산성동 138번지와 142번지에 설치된 민영휘의 아들 민천식 부부의 묘 전경. 무덤 옆으로 묘비와 대리석으로 만든 추도비가 세워져 있다.

민영휘 일가 무덤을 관리하는 묘지기가 거주한 것으로 전해진 가옥 전경.

민영휘 아들 민천식 부부 무덤에 세워진 석물.

민영휘 일가 무덤을 관리하는 묘지기가 거주한 것으로 전해진 가옥 내부모습.

1908년 『대한매일신보』는 '일본유학'이란 제목의 기사에서 "휘문의숙 학도 민천식씨 등이 일본에 유학할 차로 삼작일에 발정하였다더라"라고 보도한다.

1910년 3월 19일 대한 『매일신보』는 민천식의 사생활에 대해서도 보도한다. '떡 해먹지'란 제목의 기사에는 "보국 민영휘씨의 집 반찬 만드는 늙은이의 딸이 나이 지금 16세인데 민 씨의 아들 천식 씨가 그 계집아이와 통간하여 백년가약을 맺었더니 천식 씨의 부인이 그 사실을 알고 일전에 그런 일을 부모에게 고발하였음으로 큰 풍파가 났어다더라"라고 보도한다.

같은 해 8월 31일 『매일신보』는 민천식이 여름방학을 마치고 일본으로 돌아간다는 내용까지 보도한다.

민천식은 아버지 민영휘가 백성을 수탈하고 모은 재산과 한일병합 공로로 일제로부터 받은 은사금을 모태로 세운 한일은행에서 지배인으로 일하던 중 1915년 사망한다.

그가 사망하자 언론들은 그의 직위를 '한일은행 지배인 대리'로 표기하며 사망 사실을 보도했다.

"산중명당을 앞에 두고 용이 은신한다"는 안유풍과 민천식의 묘자리

민씨의 후손들은 현재까지도 남이섬을 포함해 수많은 토지를 소유하고 있는 상태다. 하지만 그의 후손들은 국고에 환수된 청주시 상당구 산성동 산28-1번지에 있는 안유풍의 묘를 유지하다 2022년경 어디론가 이전했다.

또 조선신탁 명의로 되어 있는 청주시 상당구 산성동 138번지에

등기사항전부증명서(말소사항 포함)
- 토지 -

고유번호 1547-1996-455410

[토지] 충청북도 청주시 상당구 산성동 138

【 표 제 부 】 (토지의 표시)

표시번호	접 수	소 재 지 번	지 목	면 적	등기원인 및 기타사항
4		충청북도 청주시 상당구 산성동 138	전	2317㎡	면적단위환산 2016년4월18일 등기

【 갑 구 】 (소유권에 관한 사항)

순위번호	등 기 목 적	접 수	등 기 원 인	권리자 및 기타사항
1 (전 3)	소유권이전	1935년9월16일 제12415호	1934년11월22일 신탁행위	소유자 조선신탁주식회사 서울 중구 남대문로2가 130 부동산등기법 제177조의 6 제1항의 규정에 의하여 1999년 08월 10일 전산이기

등기사항전부증명서(말소사항 포함)
- 토지 -

고유번호 1547-1996-455414

[토지] 충청북도 청주시 상당구 산성동 142

【 표 제 부 】 (토지의 표시)

표시번호	접 수	소 재 지 번	지 목	면 적	등기원인 및 기타사항
2		충청북도 청주시 상당구 산성동 142	대	1131㎡	1995년1월1일 행정구역명칭변경으로 인하여 2000년1월14일 등기

【 갑 구 】 (소유권에 관한 사항)

순위번호	등 기 목 적	접 수	등 기 원 인	권리자 및 기타사항
1 (전 5)	소유권이전	1935년9월16일 제12415호	1934년11월22일 신탁행위	소유자 조선신탁주식회사 서울 중구 남대문로2가 130 부동산등기법 제177조의 6 제1항의 규정에 의하여 1999년 08월 10일 전산이기

민영휘 아들 부부의 무덤과 묘지기 가옥이 위치한 청주시 산성동 138번지와 142번지 토지등기부등본. 소유자가 조선신탁주식회사로 돼 있다.

소재한 민천식의 묘는 현재까지 그대로 두고 있다.

이에 대해 '문화공간 우리' 최우정 사무국장은 "안유풍과 민천식의 묘가 있는 상당산성 일대는 천혜의 명당자리로 알려져 있다"며 "후손들이 이를 이유로 묘를 옮기지 않는다는 말이 있다"고 말했다.

그렇다면 풍수지리 전문가들의 의견을 어떨까? 40여년 동안 풍수지리를 연구한 풍수인 유청림 씨는 안유풍의 묘 터에 대해 "백두대간의 속리산에서 회인 피반령을 넘어 선도산용이 좌선행룡으로 것대산 봉수대를 지나 망산에서 좌선회룡하며 청주 상당산 성내로 들어온 용이 산중명당을 앞에 두고 진두에 맺을 혈로 회룡이 은신하는 격"이라고 설명했다.

유청림 씨는 "혈 급의 자리"라며 "안유풍의 묘 수장비는 그가 살아 있을 때 지어진 것이고, 묘지에 있는 석물 등은 전형적인 왜식이다"라고 밝혔다.

상당산성은 민영휘 일가의
가족묘지였다〈2〉
민영휘 아들 민대식의 묘

사적 제212호. 백제시절부터 조성돼 조선시대에 완성된 상당산성은 둘레만 4400m에 이른다.

청주시민이 가장 즐겨찾는 곳으로 청주시의 상징과도 같은 존재로 평가받는 상당산성.

그 역사적 의미가 남다른 청주 상당산성을 친일파의 거두 민영휘 일가는 가족 묘원으로 사용했다.

필자는 2022년 3월 청주시 산성동 사적지 상당산성 구역에서 민영휘 일가가 조선신탁주식회사에 신탁한 세 번째 토지를 확인했다.

새롭게 확인된 청주시 산성동 114번지 토지엔 민영휘의 아들 민대식 부부의 묘가 자리했다.

민영휘는 본처와 4명의 후처를 둔 것으로 전해졌다. 본처와는 후손이 없었고, 해주마마라 불린 후처 안유풍과 사이에서 민대식·규식·천식 세 아들을 봤다.

형식상 장자는 입양한 아들인 민형식이 장자이지만 혈통으로 보면 민대식이 장자다. 일제강점기 시절 발행된 신문과 각종 사료를 통해서도 민대식이 민형식을 제치고 민영휘의 재산 대부분을 물려

파묘 전

파묘 후

청주시 상당구 산성동 114번지에 소재한 민대식의 무덤.

받은 것으로 확인됐다.

확인된 민대식의 묘는 규모가 매우 크다. 봉분과 날개의 규모는 요즘 보기 힘들 정도로 높다.

묘에는 기단석과 왜풍의 석등 등 석물 5개가 배치됐다.

민대식의 묘가 새롭게 발견되면서 민영휘 일가가 사적지 일대에 조성한 묘는 총 9기로 늘어났다.

친일재산환수법에 의해 국가에 귀속된 청주시 상당구 산성동 산28-1번지에는 민영휘의 후처 안유풍과 증손자의 묘 등 6기가 존재했었다.

여기에 필자가 발굴한 민천식 부부의 묘 2기와 민대식의 묘까지 합치면 민영휘 일가는 상당산성 내에 총 9기의 묘지를 설치했다.

사적지 상당산성을 가족묘원으로 사용한 것이다.

청주시 상당구 산성동 114번지 토지등기부등본, 1934년 소유자가 조선신탁주식회사로 변경됐다.

일제강점기 시절 일제국주의에 민대식 씨 형제와 일가가 국방헌금을 낸 사실을 보도한 『동아일보』 기사.

청주시에 파묘를 촉구했다 돌아온 답변은?

청주시, 친일파 민영휘 첩 상당산성 묘 이전 못한다
"안유풍 묘는 분묘기지권 해당…법률상 철거 요구 못해"

　필자는 청주시 소유 토지안에 있는 안유풍의 묘를 철거해야 하는 것이 아니냐고 물었다. 청주시는 상당산성 내에 설치된 친일파 민영휘의 첩 안유풍의 묘에 대해 철거할 수 없다고 답했다.
　청주시청 관계자는 "안유풍의 묘 이전과 관련한 법률 검토 결과 분묘기지권에 해당된다"며 "후손들이 이전하지 않는 한 청주시가 강제로 철거할 수 없다"고 밝혔다.
　'분묘기지권'이란 타인의 토지 위에 분묘를 소유하기 위해 분묘의 기지부분의 토지를 사용할 것을 내용으로 하는, 관습으로 인정되는 지상권 유사의 물권을 말한다.
　판례에 따르면, 토지소유자의 승낙을 받지 않고 묘지를 설치했다고 하더라도 20년 이상 지속됐다면 분묘기지권이 발생해 토지소유자가 임의로 처분할 수 없다. 또 원래 자기소유의 토지에 분묘를 설치한 후 소유권을 처분했다고 하더라도 '묘 이전'과 같은 별도의 약정이 없다면 이때도 분묘기지권이 발생한다.
　청주시는 이에 따라 남이섬과 휘문학원, 풍문학원을 소유하고 있는 민영휘와 안유풍 후손들이 스스로 묘를 이전하지 않는 한 강제로 철거할 방법은 없다는 것이다.

의문! 친일파 민영은 후손은 묘를 이장했는데 청주시는 왜?

필자는 분묘기지권에 해당되지만 '친일재산환수법'에 의거해 국가에 귀속된 토지에 존재하는 묘를 이전한 사례를 발견했다.

3·1운동을 '불령도배의 경거망동'이라며 비하하고 만세운동 참여자를 밀고하게 하는 운동을 진행한 민영은(閔泳殷, 1870~1943년 12월 20일)의 경우다.

원래 민영은의 묘는 청주시 상당구 대성동 109-4번지(현 당산공원)에 있었다. 해당 토지는 후손들과의 지리한 소송 끝에 2010년 국가에 귀속됐다.

친일파의 토지가 귀속되면서 시민사회를 중심으로 친일파의 묘를 국가토지에 두어서는 안된다는 주장이 제기됐다. 당시에도 청주시는 같은 이유로 별다른 조치를 취하지 않았다.

그러던 중 2017년 후손들은 민영은의 묘를 어디론가 조용하게 이전했다. 확인해보니 그의 후손들은 2017년 동사무소에 이장 신고를 접수한 뒤 묘를 옮겼다.

2015년 상당산성 내 민영휘 증손자 묘지 이전명령, 근거는?

분묘기지권을 근거로 안유풍 묘 강제철거 불가입장을 밝혔던 청주시는 2015년 상당산성 내에 있는 민영휘의 증손자의 묘에 대해선 이전명령 조치를 취했다.

이전명령 조치가 취해진 민영휘 증손자 묘지는 모두 5기로, 묘 4기는 시신을 매장하지 않은 가묘였다.

청주시는 해당 묘지가 '장사에 관한 법률'을 위반해 불법으로 조성된 묘지로 판단해 이 같은 조치를 내렸다. 당시 청주시는 민영휘 후손들이 허가를 받지 않고 가묘 등을 설치한 행위에 대해서는 공소시효가 만료돼 형사처벌 조치는 취하지 않았다.

대신 산지관리법상 산지 전용을 할 경우 그 용도를 정해 관계 당국에 허가를 받아야 하는 부분을 위반했다고 보고 이 같은 조치를 내렸다.

해당 분묘는 국가 귀속 이전인 1981년 조성된 것으로 민영휘의 후손은 이 묘지 인근에 4기(400㎡)의 가묘를 설치했다.

파묘의 길을 찾다!

**국유재산법 '행정재산은 시효취득 대상 아냐' 명시
서울행정법원 "행정재산엔 분묘기지권 성립 안 해" 판결
청주시 관계자 "법리검토 다시 하겠다"**

다른 사람의 토지에 묘지를 만든 사람이 20년 이상 사용해왔다면 사용권을 보장해주는 분묘기지권!

청주시는 이를 근거로 청주시 상당구 산성동 산28-1번지 국유지에 설치된 친일파 민영휘의 첩 안유풍의 묘에 대해 강제 이장 등 행정조치를 취할 수 없다고 못을 박았다.

청주시가 근거로 제시한 법의 잣대는 정말 그럴까?

판례를 찾아보기 시작했다. 청주시의 설명이 틀렸다는 것을 찾는 데에는 그리 오랜 시간이 걸리지 않았다. 필자는 법원이 '국유재산법'을 근거로 국가나 지방정부가 소유한 행정재산에는 분묘기지권이 성립되지 않는다고 판결했던 사실을 찾아냈다.

2018년 서울행정법원 행정3단독 강효인 판사는 천주교 서울대교구유지재단이 국방시설본부 경기북부시설단장을 상대로 낸 변상금 부과처분 취소 소송에서 '원고 패소'라고 판결했다.

강효인 판사는 "분묘기지권은 분묘를 수호하고 봉사하는데 필요한 범위 내에서 타인의 토지를 사용할 수 있는 관습법상 물권이다"라고 규정했다.

이어 "민법은 법률에 규정이 없으면 관습법에 의하고, 관습법이 없으면 조리(條理)에 의한다고 규정하며, 성문법 우위 원칙을 선언하고 있다"라며 "국유재산법상 행정재산은 일정 기간 사실상 점유하는 사람에게 소유권을 인정하는 시효취득 대상이 아니다"라고 설명했다.

그러면서 "행정재산에선 분묘기지권의 시효취득이 성립하지 않는다"라며 "천주교는 국방시설본부에 묘지 무단점유에 대한 변상금을 지급하라"라고 판결했다.

재판 당시 천주교 서울대교구유지재단은 국유재산인 경기 고양시와 양주시 소재 임야에 평화묘지를 만들어 운영했다.

뒤늦게 이 사실을 파악한 국방시설본부가 천주교유지재단을 상대로 토지 무단 점유에 따른 변상금을 요구했다. 이에 천주교유지재단은 "20년 넘게 분묘를 문제없이 관리해 분묘기지권을 취득했다"라며 소송을 제기했다.

국유재산법 7조 2항, 어떤 내용이길래?

판결의 근거는 국유재산법. '국유재산법' 제7조 ②항에는 '행정재산은 「민법」 제245조에도 불구하고 시효취득(時效取得)의 대상이 되지 아니한다'고 돼 있다.

법무법인 '청주로' 오원근 변호사는 "법원의 판결대로 국유재산법에 행정재산은 시효취득 대상이 되지 않기 때문에 국유지에 설치된 안유풍의 묘에는 분묘기지권이 성립되지 않는다"고 설명했다.

오 변호사는 "특별법(친일재산환수법을 지칭)에 따라 민영휘 후손들이 국유지를 취득한 것 자체가 무효가 되는 것"이라며 설명했다.

분묘기지권이 성립돼 행정조치를 취할 수 없다던 청주시도 입장을 바꿨다. 청주시 관계자는 "다시 법률관계를 검토하겠다"며 "분묘기지권이 성립하지 않는다면 그에 따른 후속 조치를 취하겠다"고 밝혔다.

파묘의 길이 열린 것이다.

파묘! 후기

2019년 12월 친일파 민영휘 첩의 묘가 국유지에 있다는 사실을 발견하고 파묘까지 가는 데에는 26개월이라는 시간이 걸렸다.

청주시에 이런 사실을 알렸지만, 그들은 적극적이지 않았다.

그들은 항상 수동적이었다. 한 번도 적극성을 보여주지 않았다.

그러나 그들을 탓하고 싶지는 않다. 그들은 늘 그래왔으니까!

남아있는 과제

안유풍과 민대식의 무덤은 어디론가 사라졌지만, 민영휘의 아들 민천식 부부의 묘는 여전히 남아있다.

2022년 12월 민영휘 일가 후손들의 묘지가 남아있는 토지는 대한민국 정부의 소유가 됐다.

대한민국 정부가 마음만 먹으면 언제든지 파묘가 가능한 상태가 된 것이다.

지켜보자! 대한민국과 청주시가 언제까지 사적지 상당산성 안에 있는 왜색으로 점철된 친일파 후손들의 묘를 남겨 둘지를!

제2부
국고 환수

민영휘 일가의 땅이 남아있었다고? _ **7편**

조선총독부가 작성한 토지등기부를 뒤지다 _ **8편**

민영휘 첩 안유풍은 무슨 돈으로 땅을 샀을까? _ **9편**

조선신탁주식회사 명의의 땅을 찾아라! _ **10편**

친일재산 환수는 '개뿔' 민영휘 후손은 여전히 땅을 판다 _ **11편**

작은 승리! 마침내 조선신탁주식회사 명의 8필지, 국고에 귀속되다 _ **12편**

민영휘 일가의 땅이 남아있었다고?

조선신탁주식회사 명의로 된 친일파의 땅

필자가 처음부터 민영휘 일가의 땅을 찾아 나선 것은 아니다. 처음 관심사는 민영휘 일가의 무덤이었다.

청주의 상징과도 같은 상당산성 부지에 친일파 일가의 묘가 남아 있다는 것이 취재의 시발점이었다.

대한민국 정부와 청주시의 이름으로 소유한 국유지에 친일파의 묘는 아직까지 남아 있는 걸까? 파묘를 하지 못하는 이유와 근거는 무엇인가?

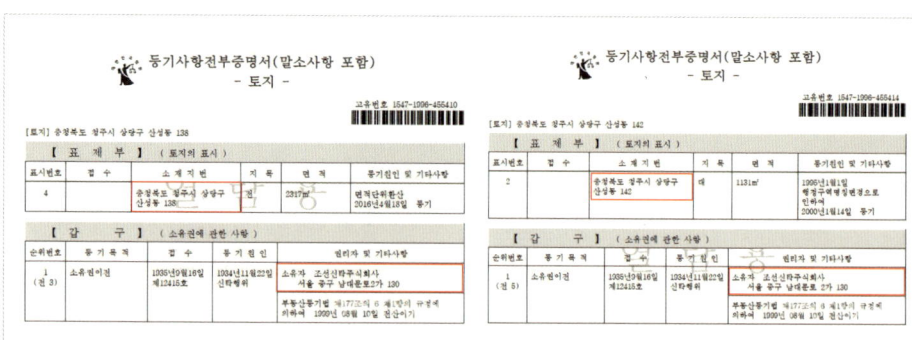

청주시 상당구 산성동 138번지와 142번지 토지등기부등본. 소유자가 조선신탁주식회사로 돼 있다.

민영휘 일가 묘지기집으로 알려진 청주시 상당구 산성동 142번지 소재한 가옥 전경.

그 물음에 답을 얻기 위해 그들의 무덤을 찾았다. 왜색으로 치장된 그들의 무덤. 보통 사람들의 무덤보다 훨씬 큰 봉분, 대리석으로 치장된 추모비. 필자는 그때까지 그들의 무덤이 있는 곳은 당연히 국가에 환수된 것으로 알았다.

그들의 무덤을 관찰하던 중 궁금증이 생겼다. 민영휘와 그의 첩 안유풍 사이에서 태어난 아들 민천식의 무덤 바로 앞에 있는 집이었다. 사람들에게는 민영휘 일가 묘지기가 살았던 집이라고 전해졌다.

한옥 양식으로 지어진 이 집은 관리는 허술했지만, 사람이 살고 있는 흔적이 남아 있었다.

도대체 누가 살고 있을까?

충북 청주시 상당구 산성동 142번지! 소유자가 궁금해졌다.

토지등기부 등본을 발급받았다. 토지소유자는 '조선신탁주식회사'다. 등기가 이뤄진 시기는 1934년이다.

조선신탁주식회사? 도대체 이 회사는 어떤 회사이고, 일제강점기 시절 누가 이 회사에 토지를 신탁했을까?

혹시나 하는 마음이 생겼다. 민영휘와 안유풍의 아들 민천식의 왜색 투성이 무덤이 있는 청주시 산성동 138번지의 주인은 누구일까?

토지 등기부등본을 발급받아 확인해보니 역시, 토지의 소유자는 조선신탁주식회사다.

조선신탁주식회사, 그리고 민영휘

조선신탁주식회사는 1932년 조선총독부와 조선의 매판 자본가들이 합작해 설립한 신탁회사다.

영업 분야는 금전신탁, 토지 등 부동산 신탁, 유가증권 신탁 등 세 부분이다.

조선신탁주식회사에 참여한 대표적인 인물은 민영휘다. 그는 한일병합의 공로를 인정받아 일제로부터 귀족 신분인 '자작'을 수여받았고 은사금까지 받았다.

민영휘의 아들 민대식도 조선신탁주식회사의 취체(대표이사)역을 맡았다.

실마리가 풀렸다. 조선신탁주식회사는 민영휘가 대한민국 팔도강산에 흩어져 있는 자신의 토지를 관리하기 위해 만든 회사였다.

 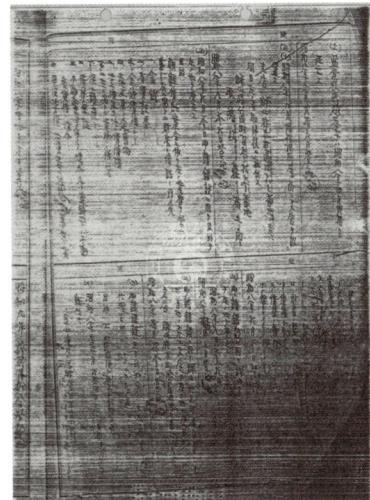

조선총독부 시절 작성된 조선신탁주식회사 등기부등본.

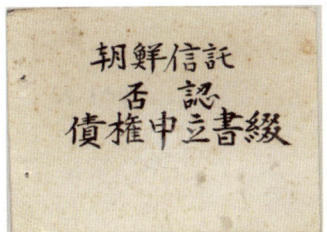 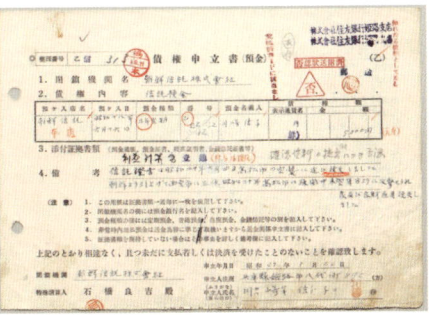

조선총독부 시절 작성된 조선신탁주식회사 채권신고서.

조선총독부가 작성한
토지등기부를 뒤지다

민영휘의 첩 안유풍이 조선신탁주식회사에 신탁 맡겨

조선신탁주식회사와 민영휘의 관계에 대한 궁금증은 해소된 상태. 관건은 조선신탁주식회사에 신탁을 한 사람이 누구인지 알아야 한다는 것이다.

민영휘가 자신의 방대한 토지를 관리하기 위해 만든 회사였지만, 민영휘가 아닌 다른 사람들도 신탁을 맡길 수 있었기 때문이다.

이런 사실은 토지등기부등본 만으론 알 수가 없었다. 현재 발급되는 토지등기부등본에는 조선신탁주식회사에 신탁이 되기 전 소유자는 나오지 않기 때문이다.

그렇다면 일제가 이 땅에 들어와 처음으로 작성한 토지등기부를 확인해야 한다. 바로 조선총독부가 작성한 토지등기부 말이다.

일제강점기 시절 작성된 토지등기부를 확인하는 것은 생각보다 가벼운 일이었다. 각 구청이나 면사무소에 가면 누구나 열람이 가능하기 때문이다.

열람료는 토지대장 한 부당 300원이다. 매우 저렴해 보이지만, 이것 때문에 취재를 중단하게 된다. 이 이야기는 나중에 하겠다.

친일반민족행위자 민영휘(사진)와 일가는 일제강점기 시절부터 청주시 상당구 상당산성에 막대한 토지를 보유했다.

국가 땅에서 안유풍의 땅으로…

토지등기부를 확인해보니 민영휘와 안유풍의 아들 민천식 부부의 묘가 있는 청주시 산성동 138번지의 최초 소유자는 산성리였다. 즉 마을 공동 소유였던 것이다.

이후 소유자는 다시 낭성면으로 변경됐다. 그러다가 1930년 민영휘의 첩 안유풍으로 소유자가 변경된다. 이후 1935년 안유풍은 조선신탁주식회사에 이 땅을 신탁해 소유자가 조선신탁주식회사로 바뀌었다. 민씨 일가의 묘지기가 살았던 곳으로 알려진 산성동 142번지도 동일했다.

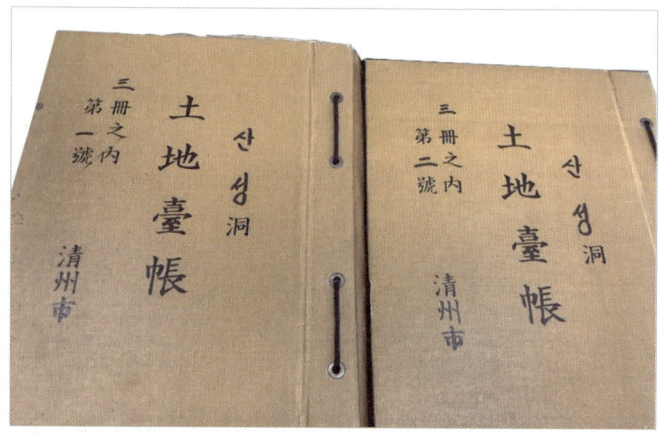

일제강점기 조선총독부가 작성한 청주시 산성동 토지등기부 대장.

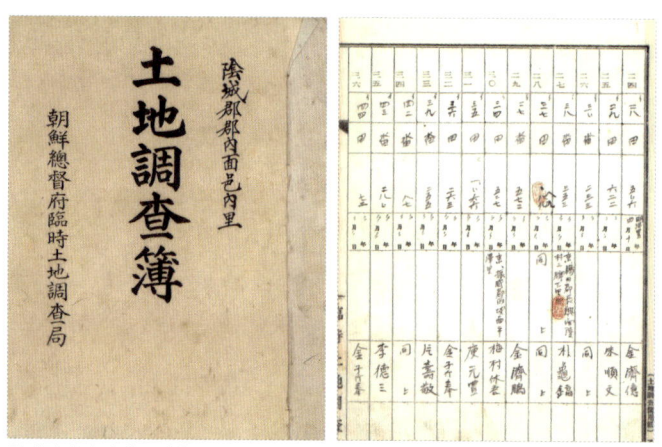

일제강점기 시절 조선총독부가 작성한 토지조사부 모습.

이제 확실해졌다. 산성동 138번지와 142번지는 민영휘의 첩, 안유풍의 땅이라는 것이 명확해졌다.

그런데 왜 환수가 되지 않았을까?

안유풍의 묘가 있는 산성동 산28-1번지는 친일반민족행위자 재산조사위원회 조사를 거쳐 환수됐는데 왜 유독 이 토지는 환수되지 않았을까?

다시 궁금증이 도졌다.

환수가 되지 않은 이유

2007년 8월 13일, 대통령소속 '친일반민족행위자 재산조사위원회'는 민영휘 후손들의 소유한 토지 일부에 대한 환수 결정을 발표했다.

조사위원회는 "민영휘 후손 명의로 남아있는 총 76필지, 55만㎡에 대해서 조사 개시 결정을 하고 이중 청주 상당산성 일부를 포함한 36필지 31만7362㎡, 시가 57억원 상당의 토지에 대하여 국가 귀속 결정을 내렸다"고 밝혔다.

그러면서 "향후 민영휘 후손 명의로 사정받은 토지 등도 추적하여, 친일 재산 여부를 가려 국가 귀속할 예정"이라고 발표했다.

하지만 조사위원회는 남아있는 역할을 하지 못한 채 제1기 활동이 종료됐다.

2007년 친일재산조사위원회가 귀속 결정을 한 토지는 어떤 것일까? 대부분 민영휘 본인 명의로 사정된 토지가 대부분이다. 반면 민영휘 본인 명의가 아닌 후손들의 명의로 사정된 토지들은 일부만 포함됐다.

사정(査定)이란 토지 등의 소유관계를 조사해 토지등기부 등본 등에 대하여 기록하는 행위를 일컫는다.

조사위원회 결정문을 살펴보니 국가 귀속 결정이 난 토지는 대부분 민영휘 자신의 이름으로 등기가 된 토지였다.

민영휘 후손이 소유한 토지 중 제일 먼저 국가 귀속 결정이 나온 청주시 상당구 산성동 170번지(562㎡)의 경우 최초 소유자는 민영휘였다. 민영휘는 이후 조선신탁주식회사에 신탁을 맡겼다.

결국 민영휘 후손이 소유한 토지 중 국가 귀속 결정이 난 것과 나지 않은 것의 가장 큰 차이는 최초 사정자가 누구냐는 것이었다.

민영휘의 이름이 아니라 안유풍의 이름으로 된 것은 조사대상에서 빠졌고, 그로 인해 환수대상에서 제외된 것이다.

민영휘 첩 안유풍은
무슨 돈으로 땅을 샀을까?

민영휘, 첩과 아들명의로 차명관리
안유풍 명의 실소유자는 민영휘

앞서 언급했듯이 민영휘 후손이 소유한 토지 중 국가 귀속 결정이 난 것과 나지 않은 것의 가장 큰 차이는 최초 사정자가 누구냐는 것이다.

그렇다면 안유풍이 소유한 토지 매입대금의 출처는 어딜까? 만약 안유풍이 실소유자가 아니라 민영휘의 자금에서 나왔다면 친일재산조사위원회의 판단은 달라졌을까?

"(민영휘는) 축재(蓄財)에 비상한 노력을 다하여 한일합병 당시에 벌서 년 수입 소작료 벼 5만여 석이나 되는 전답 외에 경성부 내에 있는 토지가 가옥으로서 시가 1백만원 이상에 달하는 것을 가지고 있었다. 또 자본금 1백만원의 한일은행(韓一 銀行)을 설립한 외에 일한합병의 공에 의하야 은사금 수십만원을 받았는데 일찌기 통감부 재판소(統監府 裁判所)가 설치되자 민씨 가의 재산은 관권을 이용하야 불법한 축재를 한 것이라고 세평이 험악할 뿐 아니라 재산을 반환하여 달라고 하는 사람까지 다수 있으므로 민영휘는 일체의 재산을 자기의 소유 명의로 함을 피하고자 하였다." (1938년 10월 1일,

잡지 『삼천리』 제10권 10호 '민씨가 비극, 일천만원 골육소(송)' 기사 중에서)

  안유풍 소유의 토지가 사실상 민영휘가 소유했을 가능성을 입증하는 실마리는 다름 아닌 민영휘의 장자인 민형식의 입에서 나온다. 1938년 10월 1일 잡지 『삼천리』는 민영휘의 장자 민형식이 그의 동생 민대식 등을 상대로 제기한 유산상속 소송 관련 내용을 보도한다.
  기사 제목은 '민씨가 비극, 일천만원 골육소, 몰후 二년 민영휘가에 슬픔의 싸홈은 열여, 구월이십일 제 일회재판이 서울서 열니다'이다. 부제는 자극적인데 '돈이냐? 골육(骨肉)이냐?'다.
  기사에 따르면, 민영휘의 큰아들 민형식은 아버지의 재산관리에 대해서 "일체의 재산을 자기의 소유 명의로 피하고자 했다"고 설명한다.
  『삼천리』는 민형식이 동생들을 상대로 낸 소송 내용을 소개한다. 기사에 따르면, 민형식은 소장에서 "원고(민영휘의 장남 민형식)는 원래 관직에 있으면서도 청렴을 뜻으로 하고 전혀 서도(書道)와 문학을 수학하였고 이에 반하야 피고(민영휘의 차남 등)들은 당초부터 은행의 업무 기타 재계에 종사를 하고 있었던 관계상 조선토지조사령에 의한 토지신고를 할 때 부동산에 대하야는 거의 다 피고들에게 신탁하고 동인 명의로 신고를 하여 사정(査定)을 받았으며 은행의 주식도 피고들의 명의로 신탁하고 또 선대 자신이 총재산을 관리하고 수익한 금액으로써 이후 매수한 부동산도 전부 피고 등과 피고 대식의 장남 병수(丙壽), 이남 병도(丙燾) 등에게 신탁"했다고 주장했다.

내용을 요약하면 민영휘는 자신이 소유한 토지 상당 부분을 아들이나 주변인 등의 이름으로 사정받았고, 신탁해 관리했다는 것이다.

장남도 인정한 민영휘의 재산 차명관리

큰아들 민형식 조차 민영휘의 재산축적은 "관권을 이용하야 불법한 축재를 한 것이라고 세평이 험악"하다고 지적했다. 또 "재산을 반환하여 달라고 하는 사람까지 다수 있으므로 민영휘는 일체의 재산을 자기의 소유 명의로 함을 피하고자 하였다"고 꼬집었다.

민형식의 지적대로 민영휘가 소유한 재산을 반환해 달라는 소송과 관련한 기사는 차고 넘쳐난다.

친일파 민영휘가 재산을 안유풍이나 직계자손 등 타인 명의로 소유한 흔적은 차고 넘친다. 하지만 타인 명의로 은닉한 재산은 현재까지 국가에 귀속되지 못한 상태.

그 이유는 단순하다. 2007년 친일파재산조사위원회는 그 이유에 대해 이렇게 설명한다. "우리 위원회가 민영휘의 친일 재산으로 조사할 수 있는 것은 제한적이었다. '러일전쟁 개전시부터 1945년 8월 15일까지 민영휘가 자신의 명의로 취득한 재산'이 조사대상 재산이기 때문이다."

민영휘가 안유풍이나 그의 아들 등 타인의 명의로 숨겨 놓은 재산은 애당초 조사대상에서 빠진 것이다.

청주의 상징이라 할 수 있는 상당산성. 이곳에 '조선신탁주식회사' 명의로 위장된 민영휘의 재산이 오늘까지 지속되는 이유다.

조선신탁주식회사 명의의 땅을 찾아라!

청주시 산성동 일원 일제시절 토지대장 전수 조사

민영휘 일가가 조선신탁주식회사 명의로 신탁을 맡긴 토지 2필지는 너무나 쉽게 찾았다. 그런데 이들 일가의 땅은 토지 2필지만 있었을까? 궁금증은 더 커졌다. 기왕 시작했으니 이 궁금증을 풀어보기로 했다. 아예 산성주변지역 토지대장을 전수조사해 보기로 마음 먹었다.

우선 청주시 산성동과 청주시 낭성면 지역 토지대장을 전부 열람해보기로 했다. 여기서 뜻하지 않은 복병을 만난다. 바로 열람료다. 토지대장 1부를 열람하는데 필요한 비용은 300원이다.

일제강점기 시절 작성된 토지대장은 한 개 리(里)단위에 보통 200~500개의 토지대장이 존재했다. 리 단위 하나를 열람하는데 들어가는 비용만 6만원에서 15만원이다. 낭성면 전체 지역을 열람하는 데에만 100만원이 훌쩍 넘었다.

여기에 민영휘 일가의 토지를 찾았을 경우, 대장을 발급받아야 한다. 이때는 열람료보다 더 비싼 수수료를 내야 한다.

필자가 속한 『충북인뉴스』는 작은 회사로 열람료 100만원은 결코

< 조선신탁주식회사 청주시 산성동 토지 소유현황 >

	지번	소유자	면적(m²)	공시지가(원)	총금액(원)
1	산성동 328	안유풍(1929) → 조선신탁(1935)	509	153,400	78,080,600
2	산성동 331	안유풍(1929) → 조선신탁(1935)	469	156,500	73,398,500
3	산성동 366-3	조선신탁(1935)	433	47,500	20,567,500
4	산성동 141	산성리 → 낭성면 → 안유풍(1928) → 조선신탁(1935)	446	135,900	60,611,400
5	산성동 90-2	조선신탁(1935)	519	135,900	70,532,100
6	산성동 250-4	안유풍(1931)	20	37,600	752,000
7	산성동 138	산성리 → 낭성면 → 안유풍(1930) → 조선신탁(1935) → 국(1978) → 조선신탁	2,317	35,800	82,948,600
8	산성동 114	안유풍(1930) → 조선신탁(1935) → 국(1980) → 조선신탁(1986)	1,669	27,300	45,563,700
9	산성동 142	산성리 → 낭성면 → 안유풍(1930) → 조선신탁(1935) → 국(1978) → 조선신탁	1,131	131,000	148,161,000
		합계	7,513		580,615,400

적은 비용이 아니다.

담당 공무원에게 사정을 설명했다. 공익적 목적의 취재이니 무료로 해줄 수는 없는지, 아니면 깎아줄 수는 없냐고 통사정을 했다.

돌아온 답변은 "힘들다"였다. 규정 때문에 안된다는 것이다. 어쩔 수 없었다. 일단 낭성면 전체를 보기로 한 것은 접고, 산성동 일원만 보기로 했다.

힘들게 찾아 낸 조선신탁주식회사가 산성동 토지소유 현황

조선 수탈의 첨병에 섰던 조선신탁주식회사가 어떻게 해방 70여

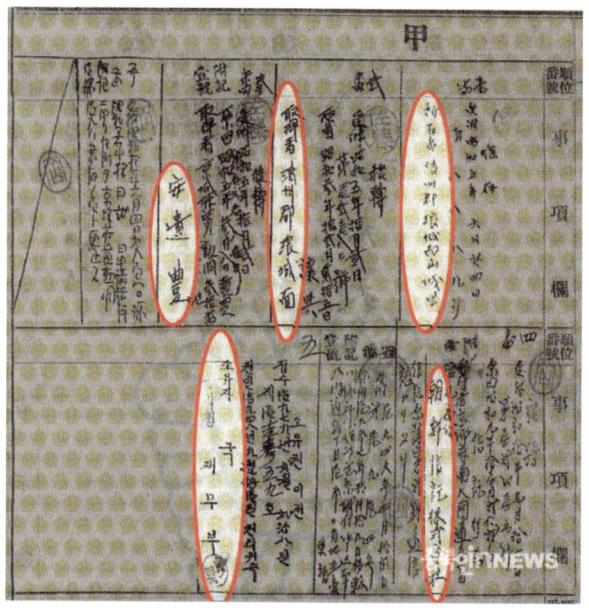

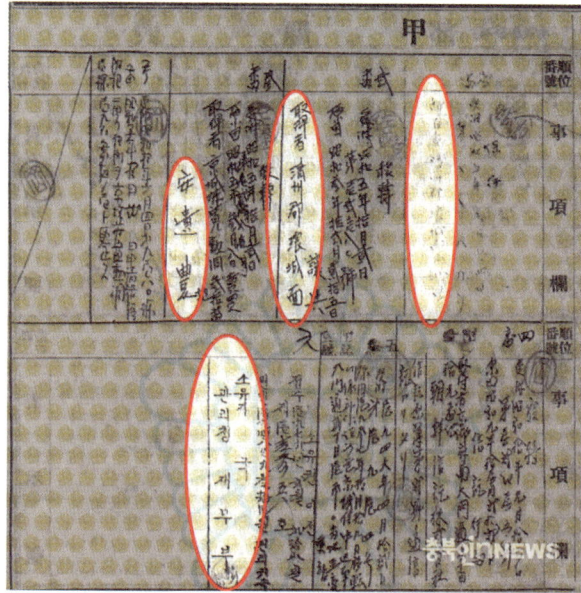

일제 강점기 시절부터 작성된 청주시 상당구 산성동 142번지 구 토지등기부등본.

년이 지난 현재까지 이 땅을 소유할 수 있었을까?

그 연원을 확인하기 위해 일제강점기 조선총독부가 작성한 토지등기부를 확인했다. 전수조사 결과, 2022년 3월 현재까지 소유자가 조선신탁주식회사 명의로 된 9필지의 토지를 찾아냈다.

조선신탁주식회사는 산성동 138번지를 비롯해 총 9필지 면적 7513㎡를 소유했다. 2021년 기준 공시지가를 적용해 평가한 토지금액은 5억8000여만원에 이른다

두 곳을 제외한 7필지는 민영휘 첩 안유풍이 조선신탁 주식회사에 신탁을 맡긴 것으로 나타났다.

일제가 작성한 토지등기부등본에는 청주시 산성리 138번 번지와 142번지에 대한 최초 소유자로 '청주군 낭성면 산성리'로 기재돼 있다. 기재년도는 소화(昭和) 5년, 즉 1930년이다.

다시 같은 해 소유자가 '산성리'에서 '청주군 낭성면'으로 변경된다.

소유자가 '산성리'와 '낭성면'으로 표기되어 있는 것에 대해 청주시 상당구청 관계자는 "마을이 집단으로 소유한 마을 땅으로 볼 수 있다"고 설명했다.

그리고 다시 같은 해 3월 경성부 관훈동에 거주하는 안유풍(安遺豊)에게 소유권이 이전됐다. 등기부상에 나타난 이전 사유는 '매매'(賣買)다. 이 토지는 다시 1935년 조선신탁주식회사로 소유권이 이전된다. 토지등기부등본에는 이전 사유로 '신탁'이라고 기재돼 있다.

대한민국이 되찾았지만 다시 조선신탁으로

조선신탁주식회사 명의로 돼 있던 청주시 상당구 산성동 138번지

와 142번지는 1979년 소유권이 대한민국 재무부로 이전된다.

등기원인으로 '1948년 9월 11일 권리 귀속'이라고 기재했다.

이렇게 해서 청주시 상당구 산성동 138번지와 142번지는 조선신탁주시회사 소유 명의로 등재된지 44년 만에 대한민국으로 소유권이 이전된다.

그렇다면 등기원인으로 기재된 '1948년 9월 11일 권리 귀속'은 무엇을 의미할까?

1948년 8월 15일 대한민국 정부가 수립됨에 따라 미국은 '미 군정청'의 폐지를 공포하고 행정권을 대한민국 정부에 이양하는 작업에 착수한다.

이와 더불어 1948년 9월 11일 대한민국 정부와 미국 정부 간에 '한미재정 및 재산에 관한 최초 협정'을 체결했다.

이 법, 1조에는 '귀속재산에 대하여 미국이 가졌던 일체의 권리, 명의, 이권을 대한민국 정부에 이양하도록 규정했다.

이에 따라 대한민국 정부는 미군정법령 33호에 의하여 귀속된 일본인 공유 또는 사유재산에 대하여 승인·인준하기로 했다. (친일반민족행위 재산조사위원회 보고서 1편 '청산되지 않은 역사, 친일재산')

이렇게 된 것은 해방 이후 미 군정청이 한반도 38선 이남을 먼저 통치했기 때문이다. 1945년 8월 15일 통치를 시작한 미 군정청은 그해 9월 25일 '패전국 소속 재산의 동결 및 이전 제한의 건'을 제정한다.

같은 해 12월 6일에는 '조선 내 일(본)인 재산의 권리 귀속에 관한 건'을 제정하고 남한 내 모든 일인 소유재산을 인수했다.

귀속재산처리법의 근거가 되는 미군정법령 제33조는 1945년 12월 9일 공포됐다.

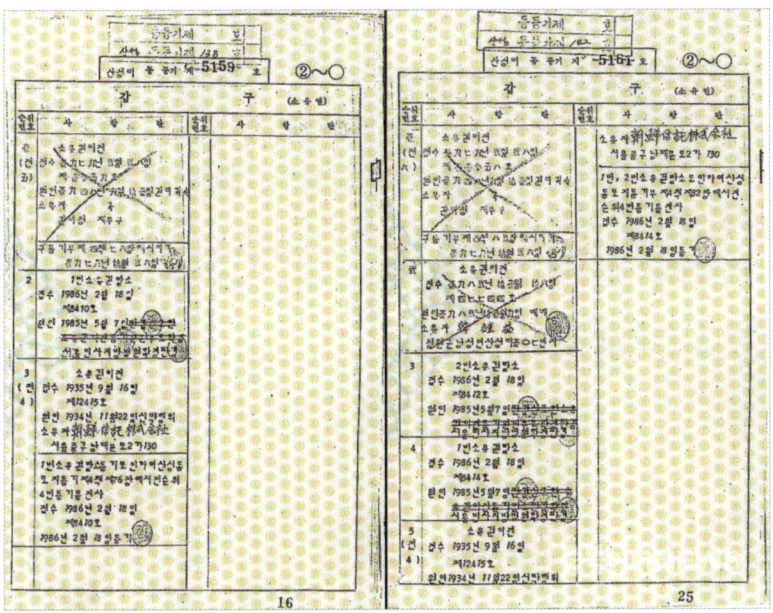

청주시 상당구 산성동 138번지와 142번지에 대한 폐쇄토지등기부 등본.

이에 따르면 1945년 8월 9일 이후부터 일본 정부나 그 기관 또는 일본인이 소유하는 재산의 처분은 금지되고 그날 이후 성립된 매매는 무효가 된다. 그리고 이듬해인 1949년 12월 19일 대한민국 정부는 '귀속재산처리법'을 제정했다.

역사의 시계는 거꾸로!

청주시 상당구 산성동 138번지와 142번지 소유의 땅이 수탈의 첫

병, 조선신탁주식회사에서 대한민국으로 돌아오는데 걸린 시간은 총 44년. 해방 후 34년이나 걸렸지만, 그리 오래가지 못했다.

1986년 해당 토지가 다시 조선신탁주시회사 소유로 환원된 것이다. 환원된 이유는 법원 판결. 1985년 5월 서울민사지방법원은 소유권 이전등기가 무효라는 판결을 확정했다.

이에 따라 다시 소유권은 조선신탁주식회사로 환원됐다.

친일재산 환수는 '개뿔' 민영휘 후손은 여전히 땅을 판다

청주시 산성동 74필지 8만2645㎡ 매각, 공시지가만 68억
친일재산 환수 사실상 중단, 2021년 이후 3필지 추가 매각
미확인 토지 100여 필지 존재, 실제 매각은 2배 이상 추정

한일병합에 조력한 공로로 일제로부터 자작의 지위와 은사금을 하사받은 친일파 거두 민영휘 일가는 2022년까지 청주시 산성동 소재 170여 필지를 매각했다.

친일 재산 환수가 늦어지면서 민영휘 후손들은 토지 매매를 통해 부를 축적하는 상황인 것이다.

170여 필지 중 필자가 거래내역을 확인한 토지는 74필지로 면적은 8만2645㎡에 달한다. 현재 공시지가로 환산하면 68억4624만여원에 달한다.

민씨 후손들은 2021년과 2022년 3필지 7022㎡를 추가 매매했다. 해당 토지는 친일재산환수위원회가 재산환수 대상에 포함한 계성주식회사와 조선신탁주식회사가 보유했던 토지다.

필자는 청주시 상당구 산성동 토지대장 전수조사를 통해 민영휘와 첩 안유풍, 아들 민대식, 민씨 일가가 설립한 가족회사 계성주식회사와 조선신탁주식회사 명의로 소유했던 토지 192필지 현황을 확인했다.

192필지 중 국가로 귀속된 것은 7필지, 조선신탁주식회사로 남아 있는 토지 10필지, 민영휘 후손들이 소유하는 것은 5필지로 확인됐다. 나머지 170필지는 1945년부터 2022년까지 매각한 것으로 나타났다.

매각된 토지 74필지의 토지대장을 발급받아 매매 현황을 살펴봤다. 민씨의 후손들은 1960년부터 1965년까지 31건을 매매했다. 민영휘의 증손자 민병도는 1965년 남이섬을 매수했다.

이들은 1984년 이전까지는 조선신탁주식회사와 계성주식회사로 등기된 상태에서 토지를 매매했다.

1984년 이후는 민영휘의 증손자 민웅기와 고손자 민경현이 상속받아 토지를 매매했다. 민영현은 아버지 민덕기가 안유풍의 '풍' 자를 따서 설립한 풍문학원의 이사장을 지냈다.

이들에게 상속된 토지 대부분은 계성주식회사와 조선신탁주식회사로 등기된 토지였다.

'친일반민족행위자 재산의 국가귀속에 관한 특별법'은 2005년 12월 29일 제정됐다. 법 제정이 논의되던 기간인 2004년과 2005년 민씨 후손들은 12건의 토지를 매매했다.

정황상 '친일반민족행위자 재산의 국가귀속에 관한 특별법' 제정에 따른 토지 국가 환수를 피하기 위해 매매했을 가능성도 배제하지 않을 수 없다.

친일반민족행위자재산조사위원회는 친일반민족행위자 재산의 국가귀속에 관한 특별법에 의거하여 2006년 7월 13일 대통령 직속으로 설치됐다.

< 2021년 이후 청주시 산성동 민영휘 일가 토지 매매내역 >

순번	지번	면적(㎡)	공시지가(원)	총금액(원)	과거 소유자	매매당시 소유자	매매 년도
1	140-2	397	27,300	10,830,100	계성	민준홍외4	2021
2	105-10	413	138,000	56,994,000	계성	민웅기외2	2021
3	46-3	6,212	25,300	157,163,600	계성	민준홍외4	2022
합계		7,022		224,987,700			

친일재산조사위원회는 일본 제국주의의 식민 통치에 협력하고 한민족을 탄압한 반민족행위자가 그 당시 친일반민족행위로 모은 재산을 조사, 선정해 국가에 귀속하는 역할을 했다.

2010년 7월 12일 자로 모든 공식 조사활동을 종료하고, 2010년 10월 12일 해산했다.

이후 업무는 법무부로 이관되면서 친일 재산 환수 업무는 사실상 중단된 상태다.

그러는 사이 민영휘 후손들은 2021년과 2022년 토지 3필지를 매매했다. 현재까지 산성동 일대에 조선신탁주식회사와 후손들의 명의로 남아있는 것으로 확인한 토지는 총 15필지.

친일 재산 환수가 말로만 그치는 상황에서 민영휘의 후손들은 소리 소문 없이 토지를 매매하면서 알뜰살뜰 부를 늘려가고 있다.

< 민영휘 일가 청주시 산성동 소유토지 매매내역 >

순번	지번	면적(㎡)	공시지가(원)	총금액(원)	과거 소유자	매매당시 소유자	매매년도
1	366-1	1,841	80,000	147,280,000	안유풍	조선신탁	1945
2	165	929	123,100	114,359,900	계성	조선신탁	1957
3	178	4,638	20,400	94,615,200	안유풍	조선신탁	1959
4	362-2	2,060	117,700	242,462,000	조선신탁	조선신탁	1959
5	96-1	251	38,800	9,738,800	민영휘	조선신탁	1959
6	250-1	1,534	320,700	491,953,800	안유풍	조선신탁	1960
7	105-13	291	28,500	8,293,500	계성	조선신탁	1960
8	51	992	41,400	41,068,800	안유풍	조선신탁	1960
9	246	2,529	33,500	84,721,500	안유풍	조선신탁	1960
10	250-1	1,534	320,700	491,953,800	안유풍	조선신탁	1960
11	329-1	441	153,400	67,649,400	안유풍	조선신탁	1960
12	362-1	2,248	111,800	251,326,400	안유풍	조선신탁	1960
13	143-2	1,848	33,700	62,277,600	조선신탁	조선신탁	1960
14	91	803	42,200	33,886,500	민영휘	조선신탁	1960
15	140-3	635		-	조선신탁	조선신탁	1960
16	37-1	1,656	31,000	51,336,000	민영휘	조선신탁	1960
17	110-3	294	27,300	8,026,200	조선신탁	조선신탁	1960
18	110-2	321	27,300	8,763,300	조선신탁	조선신탁	1960
19	139	278		-	계성	조선신탁	1960
20	140-1	1,388	29,000	40,252,000	계성	조선신탁	1960
21	40	2,899	24,300	70,445,700	계성	조선신탁	1960
22	239-2	2,856	26,100	74,541,600	안유풍	조선신탁	1962
23	239-1	1,752	31,100	54,487,200	민영휘	조선신탁	1962
24	366-2	1,326	210,100	278,592,600	조선신탁	조선신탁	1962
25	366-5	136	47,500	6,460,000	조선신탁	조선신탁	1962
26	149-1	3,274	42,200	138,162,800	계성	조선신탁	1962
27	102-1	767	27,300	20,939,100	계성	조선신탁	1962
28	66-1	278	26,400	7,339,200	계성	조선신탁	1962
29	103-14	1,021	27,300	27,873,300	계성	조선신탁	1963
30	103-13	79	27,300	2,156,700	계성	조선신탁	1963
31	115-1	463	24,300	11,250,900	계성	조선신탁	1963
32	237	1,260	26,100	32,886,000	안유풍	조선신탁	1964
33	238	2,939	31,100	91,402,900	안유풍	조선신탁	1964
34	152	2,245	273,900	614,905,500	안유풍	조선신탁	1965
35	143-1	2,588	33,700	87,215,600	안유풍	조선신탁	1965
36	113-1	618	27,300	16,871,400	계성	조선신탁	1965
37	367	4,301	151,700	652,461,700	조선신탁	조선신탁	1966
38	277-4	308		-	조선신탁	조선신탁	1969

순번	지번	면적(㎡)	공시지가(원)	총금액(원)	과거 소유자	매매당시 소유자	매매 년도
39	277-3	621	37,900	23,535,900	조선신탁	조선신탁	1969
40	276-5	16	37,900	606,400	조선신탁	조선신탁	1969
41	276-4	116	37,900	4,396,400	조선신탁	조선신탁	1969
42	276-3	93	37,900	3,524,700	조선신탁	조선신탁	1969
43	277-1	3,139	63,100	198,070,900	계성	조선신탁	1969
44	276-2	569		-	계성	조선신탁	1969
45	276-1	377		-	계성	조선신탁	1969
46	105-3	307	131,000	40,217,000	계성	조선신탁	1981
47	159	547	550,000	300,850,000	조선신탁	계성	1984
48	161	670	495,000	331,650,000	조선신탁	민경현	1984
49	164	198	107,800	21,344,400	조선신탁	계성	1984
50	167	427	495,000	211,365,000	계성	민경현	1987
51	157	58		-	계성	민경현,민웅기	1987
52	94	1,094	30,000	32,820,000	계성	민경현,민웅기	1993
53	102-2	945	131,000	123,795,000	조선신탁	민경현,민웅기	1993
54	46-4	2,586	20,000	51,720,000	민영휘	민경현외2	1993
55	366-4	132	136,800	18,057,600	조선신탁	조선신탁	1994
56	105-2	909	131,000	119,079,000	계성	민웅기외2	1997
57	105-8	476	131,000	62,356,000	계성	민경현외4	1997
58	105-5	364	131,000	47,684,000	계성	민경현외2	1997
59	105-7	493	131,000	64,583,000	계성	민경현외2	1997
60	103-6	846	131,000	110,826,000	조선신탁	민경현,민웅기	2004
61	105-14	271	131,000	35,501,000	계성	민경현,민웅기	2004
62	103-8	423	56,000	23,688,000	계성	민경현,민웅기	2005
63	103-9	129	56,000	7,224,000	계성	민경현	2005
64	105-12	397	131,000	52,007,000	계성	민웅기외2	2005
65	103-10	747	56,000	41,832,000	계성	민경현,민웅기	2005
66	93-1	757	46,200	34,973,400	계성	민경현외2	2005
67	95-2	625	38,800	24,250,000	계성	민경현외2	2005
68	95-4	417	138,800	57,879,600	계성	민경현외2	2005
69	103-12	238	27,300	6,497,400	계성	민경현외2	2005
70	105-4	612	131,000	80,172,000	계성	민경현외2	2005
71	93-2	403	131,000	52,793,000	계성	민경현외2	2005
72	140-2	397	27,300	10,830,100	계성	민준홍외4	2021
73	105-10	413	138,000	56,994,000	계성	민웅기외2	2021
74	46-3	6,212	25,300	157,163,600	계성	민준홍외4	2022
합계		82,645		6,846,243,400			

작은 승리! 마침내 조선신탁주식회사 명의 8필지 국고에 귀속되다

2022년 12월 민영휘 일가, 조선신탁 명의 9필지 중 8필지 국가귀속 완료
면적 7493㎡, 2021년 기준 공시지가 5억8000여만원에 달해

민영휘의 첩 안유풍의 파묘 이후 필자와 『충북인뉴스』는 작은 승리를 거뒀다.

필자가 2019년부터 2022년까지 약 2년여 동안 탐사취재를 통해 밝혀낸 친일파 거두 민영휘 일가 소유토지 9필지 중 8필지가 국가에 귀속된 것으로 나타났다.

2024년 3월 청주시 상당구 산성동 138번지(2317㎡) 등 7필지에 대한 등기부등본을 확인해 보니 2022년 12월 14일 토지 소유가 '조선신탁주식회사'에서 국가로 모두 이전됐다.

민영휘 일가가 청주시 상당산성 안에 조선신탁주식회사 명의로 땅을 소유하고 있다는 사실을 찾아낸 것은 2019년이니 3년 만에 작은 승리를 거둔 것이다.

또 안유풍의 파묘 이후 거둔 두 번째 승리이기도 하다.

국가에 귀속된 토지는 친일파 민영휘가 설립한 조선신탁주식회사 명의로 된 8필지로 총 면적은 7493㎡, 평가액은 2021년 공시지가 기준 5억 8000여만 원이다.

　소유자로 등재된 조선신탁주식회사는 1932년 조선총독부와 조선의 매판 자본가들이 합작해 설립한 신탁회사다.

　영업 분야는 금전신탁, 토지 등 부동산 신탁, 유가증권 신탁 등 세 부분이다.

　조선신탁주식회사에 참여한 대표적인 인물은 민영휘다. 그는 한일병합의 공로를 인정받아 일제로부터 귀족 신분인 '자작'을 수여받았고 은사금까지 받았다.

　민영휘의 아들 민대식도 조선신탁주식회사의 취체(대표이사) 역을 맡았다.

　조선신탁주식회사 명의로 확인된 토지 중 7필지의 원 소유자는 민영휘의 첩 안유풍으로 확인됐다.

　민영휘는 정실부인 외에도 해주마마라 불린 안유풍과 평양마마 등 5명의 부인을 거느린 것으로 전해졌다.

　한편 필자는 2019년 12월 11일 〈친일파 민영휘의 첩 안유풍 묘, 국가·청주시 땅에 '삐까번쩍' 건재〉라는 기사를 통해 청주 상당산성 안에 민씨 일가가 조선신탁주식회사 명의로 토지를 차명 보유했던 사실을 최초로 보도했다.

제3부
탐욕

남이섬 설립자 민병도에 흘러간 민영휘의 음성군 토지 _ 13편
부자세습 친일파 민대식, 청주 문의면 일대 7만8000여㎡ 소유 _ 14편
민영휘 일가 1910년대 진천군 토지 35만㎡ 소유 _ 15편
민영휘 일가 음성군에 154만1925㎡…소작농 생산량 절반 수탈 _ 16편
민영휘 일가, 충북 옥천군 토지도 집어 삼켰다 _ 17편
괴산에도 57만675㎡ 토지 보유 _ 18편
을사오적 이근택도, 남작 이해승도 괴산에 토지 소유 _ 19편
'나라를 팔아 첩(妾)을 얻다' 민씨 일가가 일본인 첩을 얻은 이유 _ 20편
민영휘 일가, 이순신 장군의 묘소위토까지 팔아먹으려 했다 _ 21편

기왕 시작한 일이었다. 조선총독부가 작성한 토지등기부대장 한 부를 열람하는데 필요한 금액은 300원!

앞서 말했듯이 리(里) 단위 한 곳 토지대장을 열람하는데 필요한 돈은 6만원에서 15만원, 면 단위를 보는데 대략 100만원, 군 단위를 보는데에만 1000만원 가량 소요된다.

장기영 광복회 충북지부장님께서 취재에 보태라면서 도움을 주셨다. 일선 공무원에게는 민영휘 일가의 토지대장만 보겠으니, 그 값만 지급하게 해달라고 사정했다.

그렇게 해서 지출비용을 20분의 1 정도로 낮출 수 있었다. 뜻이 있으면 길이 생긴다는 말은 이런 상황을 두고 생긴 말일게다.

목표는 충북 시·군에 소재한 민영휘 일가의 재산을 찾아내는 것이었다. 눈이 아파서 빠질 정도로 고된 작업이었고, 엄청난 시간이 투여되는 일이었다.

음성군부터 시작했다. 충격이었다. 그렇게 많은 토지가 민영휘 일가의 소유였다니!

충청북도 전체가 민영휘 일가의 탐욕에 가두어진 거대한 농장이었다.

결과적으로 충북 전체를 살펴보겠다는 목표는 이루지 못했다. 너무나 많은 시간이 투여되는 작업이었고, 혼자 감당하기에는 시간도, 돈도 역부족이었다.

이 과정에서 큰 힘이 되어준 친구가 있다. 청주시청에 근무하는 지적공무원 강덕희 씨다. 그는 "토지등기부 대신 일제강점기 때 작성된 토지조사부가 전산화 돼 있다"며 "정보공개청구를 통해 입수할 수 있다"고 방법을 알려줬다.

정보공개청구 비용은 거의 들지 않았다. 한계도 있었다. 모든 지자체의 토지조사부가 전산화 돼 있지는 않았다. 또 최초 조사시점의 소유관계만 나와 있어, 토지 소유 변동 내역은 알 수가 없었다. 그래도 큰 힘이 됐다. 고등학교 동창이자 공무원인 강덕희 씨에게 다시 한 번 감사한 마음을 전한다.

어찌되었든 충북 전체 지역에 분포돼 있는 민영휘 일가의 땅을 찾아내겠다는 이 작업은 현재는 잠정 중단된 상태다. 그러나 필자가 『충북인뉴스』에 있는 한 끝내 마무리 해야 할 작업이다. 다시 몸을 추스려 고된 작업의 마침표를 찍어야겠다.

남이섬 설립자 민병도에 흘러간 민영휘의 음성군 토지

**민영휘 충북 음성군에 최소 60만여㎡ 토지 소유
민영휘→민천식(아들)→민병도(손자)로 승계
금왕읍 유포리에만 5만520㎡ 토지 소유
남이섬 설립자 민병도 토지 매매해 부 축적**

친일파 거두 민영휘의 손자 민병도(閔丙燾, 1916~2006년)가 충북 음성군 금왕읍 유포리 토지 21필지 5만여㎡를 선친에게 물려받아 처분한 것을 확인했다.

남이섬의 설립자로 유명한 전 한국은행장 민병도는 민영휘의 손자다. 그의 친부는 민영휘와 첩 안유풍 사이에서 태어난 민대식(閔大植)이다.

민대식도 아버지 민영휘 못지않은 친일반민족 행위자다. 1935년 조선총독부가 편찬한 '조선공로자명감'에 올랐고 광복 이후 제정된 반민족행위처벌법에 따른 반민특위의 조사 대상자였다.

민병도의 친부는 민대식이지만 민천식(閔天植, ~1915년)의 호적에 올랐다. 민천식은 민영휘와 첩 안유풍 사이에서 태어났고, 자손을 보지 못한 채 젊은 나이에 숨졌다. 민병도는 아들이 없는 민천식의 양자로 입양됐다.

< 충북 음성군 금왕읍 유포리 일대 민영휘 후손 토지소유 및 처분현황 >

순번	지번	면적(㎡)	소유자	등기년도	소유자	등기년도	소유자	등기년도	소유자	등기년도	매각년도
1	137-5	7	민병도		조선신탁	1936					
2	164-1	1,246	민천식	1912	민병도	1934	조선신탁	1936	민병도	1947	1948
3	164-3	66	민병도	1935	민병수	1947					1947
4	222	1,983	민천식	1912	민병도	1934	조선신탁	1936	민병도	1947	1948
5	371	1,689	민천식	1912	민병도	1934	조선신탁	1936	민병도	1947	1948
6	396-1	2,172	민천식	1912	민병도	1934	조선신탁	1936	민병도	1947	1949
7	438	1,775	민천식	1912	민병도	1934	조선신탁	1936	민병도	1947	1948
8	164-2	307	민천식	1912	민병도	1934	충청북도	2004	민병도	2004	2005
9	137-4	129	민천식	1912	민병도	1934	충청북도	2004	민병도	2004	2006
10	137-3	1,431	민천식	1912	민병도	1934	조선신탁	1936	민병도	1947	1948
11	137-2	198	민천식	1912	민병도	1934	충청북도	2004	민병도	2004	2006
12	137-1	26	민천식	1912	민병도	1934	조선신탁	1936	민병도	1947	1947
13	114-2	2,043	민병도								1965
14	114-1	15,379	민천식	1912	민병도	1934	조선신탁	1936	민병도	1947	1959
15	109-1	3,140	민천식	1912	민병도	1934	조선신탁	1936	민병도	1947	1949
16	105	5,620	민천식	1912	민병도	1934	조선신탁	1936	민병도	1947	1949
17	72	1,889	민천식	1912	민병도	1934	조선신탁	1936	민병도	1947	미상
18	63	744	민천식	1912	민병도	1934	조선신탁	1936	민병도	1947	미상
19	61-1	374	민천식	1912	민병도	1934	조선신탁	1936	민병도	1947	1978
20	47	1,092	민천식	1912	민병도	1934	조선신탁	1936	민병도	1947	미상
21	24-7	1,145	민병도	1927	조선신탁	1936	민병도	1947			1947
22	24-4	1,299	민병도	1927	조선신탁	1936	민병도	1947			1947
23	7-3	2,231	민천식	1912	민병도	1934	조선신탁	1936	민병도	1947	1949
24	24-4	1,299	민병도	1927	조선신탁	1936	민병도	1947			1947
25	7-2	526	민천식	1912	민병도	1934	조선신탁	1936	민병도	1947	2006
26	7-1	1,802	민천식	1912	민병도	1934	조선신탁	1936	민병도	1947	1949
27	3	908	민천식	1912	민병도	1934	조선신탁	1936	민병도	1947	미상
	합계	50,520									

필자가 토지대장 열람을 통해 확인한 민영휘의 후손 민병도가 소유했던 음성군 유포리 토지는 총27필지, 5만520㎡(옛 1만5309평)에 달했다.

일제강점기에 작성된 유포리 토지대장을 전수 조사한 결과, 민병도가 소유한 토지 21필지의 최초 등기자는 민병도의 양아버지 민천식으로 나타났다.

이후 1934년 민천식이 소유했던 토지는 민병도로 소유가 이전됐다. 이전 당시 민병도의 나이는 한국나이로 19세에 불과했다.

이렇게 이전됐던 토지는 2년 뒤인 1936년 민영휘가 설립한 신탁회사인 조선신탁주식회사로 다시 소유가 이전됐다.

1947년 다시 토지 명의는 조선신탁주식회사에서 민병도로 돌아왔다. 나머지 6필지의 최초 소유자는 민병도가 최초 등기자였다. 이중 3필지는 1927년 민병도의 명의로 등기됐다.

민병도, 토지 최초 취득 당시 그의 나이는 12세였다.

민병도는 27필지 중 절반을 넘는 토지 15필지를 1947년과 1949년에 집중 매각했다.

토지 매각은 2000년대까지 계속됐다. 민병도는 2005년과 2006년에 걸쳐 3필지를 팔아 부를 챙겼다.

매각 당시 토지는 국세청에 압류된 상태에서 공매 절차를 통해 제3자에게 넘어갔다.

민영휘, 음성군에 얼마나 많은 토지를 소유했나?

민영휘가 충북 음성군 관내에 소유한 토지의 규모는 남금자(충주시청) 학예사의 박사논문 『대한제국기 민영휘의 충주 일대 토지 소유와 경영사례』 논문에 자세히 기록돼 있다.

남금자 학예사의 논문은 대한제국 당시 작성된 광무양안 중 '충주군 영안'을 바탕으로 저술됐다.

양안은 현재의 토지대장에 해당한다. 이에 따르면 민영휘는 음성군 금왕읍과 음성읍, 대소면과 맹동면, 생극면과 삼성면, 그리고 감곡면에 233개 필지, 63만여㎡ 토지를 보유했다.

양안 작성 당시 해당 지역은 행정구역상 충주에 속해 있었다. 행정구역인 리(里)로 환산하면 23개 리에 민영휘의 토지가 분포했다.

민영휘가 아니라 왜 민천식 이름으로 등기됐을까?

민천식은 조선왕실의 외척으로 최고 권세를 가졌고 당대 최고 부자였던 민영휘의 아들이었던 만큼 시시콜콜한 동정까지 언론에 보도된다.

민천식은 아버지 민영휘가 백성을 수탈하고 모은 재산과 한일병합 공로로 일제로부터 받은 은사금을 모태로 세운 한일은행에서 지배인으로 일하던 중 1915년 사망한다.

음성군 금왕읍 유포리 토지가 민천식 이름으로 등기된 시점은 1912년. 민영휘는 왜 자신의 이름이 아니라 민천식의 이름으로 등기를 했을까?

실마리는 다름 아닌 민영휘의 장자인 민형식의 입에서 나온다.

민형식은 민영휘와 본부인 사이에 자손이 없자 입양된 인물로 형식상 민영휘의 장자에 해당된다.

1938년 10월 1일 잡지 『삼천리』는 민영휘의 장자 민형식이 그의 동생 민대식 등을 상대로 제기한 유산상속 소송관련 내용을 보도했다.

기사에 따르면, 민영휘의 큰아들 민형식은 아버지의 재산관리에 대해서 "일체의 재산을 자기의 소유 명의로 피하고자 했다"고 설명한다.

민형식은 아버지 민영휘의 재산에 대해서도 "관권을 이용하여 불법한 축재를 한 것이라고 세평이 험악"하다고 지적했다. 또 "재산을 반환하여 달라고 하는 사람까지 다수 있으므로 민영휘는 일체의 재산을 자기의 소유 명의로 함을 피하고자 하였다"고 꼬집었다.

그의 주장대로라면 음성군 유포리 소재 토지는 민영휘가 관권을 이용하여 불법 축재한 재산이며 아들 민천식 등의 이름을 빌려 차명으로 관리한 재산이다.

부자세습 친일파 민대식
청주 문의면 일대 7만8000여㎡ 소유

민대식, 아버지 민영휘 대 이어 친일반민족행위
일제에 국방헌금 자진해 헌납, 재산 가장 많이 상속

1937년 7월 27일 『동아일보』는 '끌어 오르는 헌금열(獻金熱), 민대식씨 기탁(寄託)'이란 기사를 통해 민영휘 후손들이 일제국주의에 국방헌금한 사실을 보도한다.

『동아일보』는 "북중사변이 폭발되자 일반의 국방심은 날로 더해가는일방 국방헌금과 군인 위문금이 속속 답지하는데 26일 경성부에 들어온 국방헌금은 다음과 같다"고 밝혔다.

일제강점기 시절 일제국주의에 민대식 씨 형제와 일가가 국방헌금을 낸 사실을 보도한 『동아일보』 기사.

이어 "민대식(閔大植), 민규식, 민병도 3씨는 26일 좌백(佐伯) 경성부윤을 방문하고 1만원(을) 기부할 것을 자원하였는데 그중 5000원은 국방비로 헌금하였으며 나머지 5000원은 황군 위문금으로 제공하였다"고 했다.

청주시 산성동 138번지와 142번지에 설치된 민영휘의 아들 민천식 부부의 묘 전경. 무덤 옆으로 묘비와 대리석으로 만든 추도비가 세워져 있다.

기사에 나오는 민대식(閔大植, 1882~1951년)과 민규식, 민병도(閔丙燾, 1916-2006년)는 모두 친일반민족행위자 민영휘의 후손이다. 민대식은 민영휘의 다섯째 첩 안유풍 사이에 태어난 첫째 아들이다. 민영휘가 본부인 사이에 자손이 없자 입양한 민형식이 법적인 장자이므로 민대식은 둘째 아들이 된다.

민규식은 민영휘와 안유풍의 둘째 아들이자, 민영휘의 셋째 아들이다.

민병도는 민대식의 친아들로 자손이 없던 민대식의 동생 민천식에 입양된 인물로 남이섬의 설립자다.

1949년 9월 8일 『조선중앙일보』는 민대식이 반민족행위 처벌법 공소시효가 종료돼 민대식이 무혐의 처리됐다고 보도한다.

『조선중앙일보』"(반민)특위의 실질적인 사업은 지난 31일로 종지부를 찍었으며 아울러 특검의 공소사무도 결말을 보게 되었다"며 "지난 8월 28일부터 8월 31일까지에 걸쳐 특검에서 처분한 불기소 처분상황을 보면 불과 나흘 동안에 기소유예가 장직상 등 111건, 혐의없는 자 민대식 등 34건, 기소중지가 최석현 등 52건으로 4일 간에 걸친 총 불기소처분 건수만 하여도 197건에 달하고 있다"고 밝혔다.

이어 "특검에서는 이에 대한 상세한 발표를 특히 회피하고 있다"고 덧붙였다.

반민특위 활동 전 재빨리 토지를 처분한 민대식

『충북인뉴스』가 일제강점기 작성된 토지조사부를 정보공개청구를 통해 확인한 결과, 친일반민족행위자 민영휘의 아들 민대식이 청주시 상당구 문의면과 남일면 관내에 7만8377㎡ 토지를 소유했던 것으로 나타났다.

해당 토지조사부는 조선총독부가 1912년부터 1918년 토지 조사를 통해 토지소유자를 최초로 기록한 문서다.

이에 따르면, 민대식은 청주시 상당구 남일면과 문의면 관내에 총 27필지의 토지를 소유했다.

이들 토지는 모두 1912년 민대식 이름으로 사정됐다. 이중 25필지는 민영휘가 설립하고 민대식이 두취역을 맡았던 조선신탁주식회사로 소유권이 변경됐다.

민대식은 1943년 7월 18일 9필지를 일본인에게 매각한다. 이후 대한민국 정부가 들어서기 직전 1948년 2월 26일 13필지를 매각했다.

민대식이 토지를 처분 한 뒤 바로 뒤에 1948년 5월 31일 대한민국 제헌국회가 수립됐다.

이후 제헌국회는 친일파를 처벌할 특별법 제정에 착수하여 반민족행위처벌법을 1948년 9월 22일에 공포했다. 이에따라 반민족행위특별조사위원회는 같은 해 10월 22일에 설치됐다.

이 법에 따르면 반민족행위자의 재산은 전부 혹은 일부 몰수할 수 있었다.

민대식이 이런 사회적 분위기를 감지하고 재산 몰수를 피하기 위해 긴급히 처분했다는 의심이 드는 부분이다.

음성엔 민병도, 청주 문의면엔 민대식

일제강점기 당시 작성된 토지대장을 조사한 결과, 충북 음성군 금왕읍 일대 토지는 민영휘의 손자이자 민천식의 법적 아들인 남이섬 설립자 민병도로 소유권이 변경됐다.

금왕읍 일대 토지는 '민천식→민병도→조선신탁주식회사→민병도→매각'의 흐름을 보였다.

반면 충북 청주 문의면 일대는 '민대식→조선신탁주식회사→매각'의 순서로 진행됐다.

반면 청주시 산성동 상당산성 토지는 '안유풍→조선신탁주식회사→매각 혹은 자손에 증여' 순으로 진행됐다.

민영휘가 자신이 소유한 토지를 자신의 이름이 아닌 아들과 첩의 이름으로 차명으로 관리했다는 민영휘 장자 민형식의 주장을 뒷받침한다.

< 청주시 문의·남일면 일대 민영휘 후손 민대식의 토지 변동 현황 >

면소재지	마을명	지번	면적(㎡)	소유주	년도	소유주	년도	매매년일
남일면	가산리	196	3,240	민대식	1912	조선신탁	1935	1946.1.29
남일면	고은리	514	1,884	민대식	1912	조선신탁	1935	1962.12.31
문의면	구룡리	49	16,073	민대식	1912	조선신탁	1935	1948.10.11
문의면	구룡리	283	2,727	민대식	1912	조선신탁	1935	1948.2.26
문의면	구룡리	81-1	1,560	민대식	1912	조선신탁	1935	1948.2.26
문의면	구룡리	57	1,455	민대식	1912	조선신탁	1935	1948.2.26
문의면	구룡리	66-1	5,167	민대식	1912	조선신탁	1935	1948.2.26
문의면	구룡리	37-1	1,418	민대식	1912	조선신탁	1935	1948.2.26
문의면	구룡리	347	2,423	민대식	1912	조선신탁	1935	1948.2.26
문의면	구룡리	302	683	민대식	1912	조선신탁	1935	1948.2.26
문의면	구룡리	132	2,271	민대식	1912	조선신탁	1935	1948.2.26
문의면	구룡리	54	1,045	민대식	1912	조선신탁	1935	1948.2.26
문의면	마동리	298	1,355	민대식	1912	조선신탁	1935	1943.7.18
문의면	묘암리	160	2,550	민대식	1912	조선신탁	1935	1943.7.18
문의면	묘암리	124-1	678	민대식	1912	조선신탁	1935	1943.7.18
문의면	묘암리	79-1	13,880	민대식	1912	조선신탁	1935	1943.7.18
문의면	묘암리	228	2,321	민대식	1912	조선신탁	1935	1943.7.18
문의면	묘암리	232	902	민대식	1912	조선신탁	1935	1943.7.18
문의면	묘암리	139	3,243	민대식	1912	조선신탁	1935	1943.7.18
문의면	묘암리	131	734	민대식	1912	조선신탁	1935	1943.7.18
문의면	묘암리	53	3,223	민대식	1912	조선신탁	1935	1943.7.18
문의면	묘암리	145	1,864	민대식	1912			1965.3.24
문의면	묘암리	163	182	민대식	1912			1980.3.28
문의면	문덕리	249	1,980	민대식	1912	조선신탁	1935	1948.2.26
문의면	문덕리	192	1,425	민대식	1912	조선신탁	1935	1948.2.26
문의면	문덕리	80	2,919	민대식	1912	조선신탁	1935	1948.2.26
문의면	문덕리	56	1,175	민대식	1912	조선신탁	1935	1948.2.26
합 계			78,377(㎡)					

민영휘 일가 1910년대
진천군 토지 35만㎡ 소유

민대식·천식 두 아들 명의로 토지조사부에 등재

친일반민족행위자 민영휘(閔泳徽, 1852~1935년)가 충북 전역에 토지를 소유한 가운데 진천군 관내에도 막대한 토지를 소유했다.

일제강점기 진천군 토지조사부를 전수조사한 결과, 민영휘의 두 아들인 민대식과 민천식은 진천군 일대에 총 88필지 34만9520㎡(10만5915평)를 소유했다.

이들은 진천군 진천읍, 덕산읍, 이월면, 문백면, 광혜원면에 걸쳐 토지를 소유했다.

민대식이 24만6068㎡(7만4566평)을 소유했고 민천식은 10만3485㎡(3만1359평)을 소유했다.

토지조사부는 1912년부터 1918년 사이에 작성됐다. 민씨 일가가 1930년대에 계성주식회사를 통해 토지를 대거 매입해 운영한 점을 감안하면 이들이 소유한 토지는 더 많았을 것으로 추정된다.

< 일제강점기 토지조사부 작성 당시 충북 진천군 민영휘 일가 토지 보유현황 >

● 총 88필지 34만9520㎡(10만5915평)

민대식(閔大植) 24만6035㎡(7만4556평)
민천식(閔天植) 10만3485㎡(3만1359평)

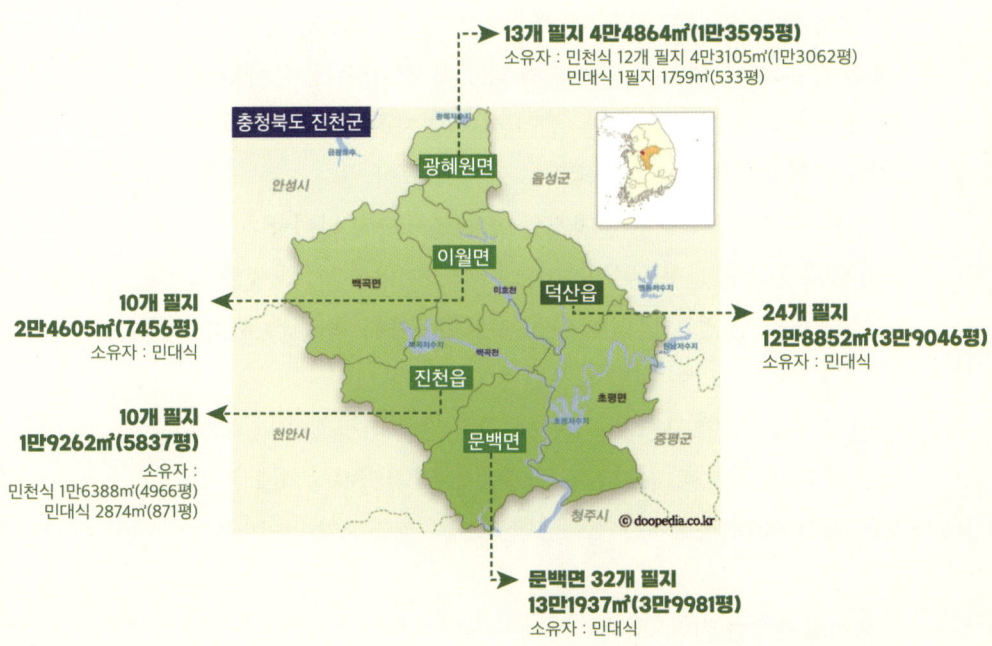

민영휘 일가 1910년대 진천군 토지 35만㎡ 소유

민영휘 일가 음성군에 154만1925㎡ 소작농 생산량 절반 수탈

**음성군 전역에 500필지, 여의도 절반 크기…소작인만 500명 추정
남금자 학예사…당시 소작인 농업 생산량 50%를 지주가 가져가**

민대식(閔大植, 1882~1951년)과 민천식(閔天植, ?~1915년), 민규식(閔奎植)은 모두 친일반민족행위자 민영휘(閔泳徽, 1852~1935년)의 후손이다. 민대식은 민영휘의 다섯째 첩 안유풍 사이에 태어난 첫째 아들이다. 민영휘가 본 부인 사이에 자손이 없자 입양한 민형식이 법적인 장자이므로 민대식은 둘째 아들이 된다.

민천식과 민규식 모두 민영휘와 안유풍 사이에 태어났다.

일제강점기 조선총독부가 1912년부터 1918년가지 작성한 토지조사부를 조사한 결과 민영휘 아들 3형제는 충북 음성군에서만 최소 154만1925㎡(46만여평)를 소유한 것으로 나타났다.

이 토지는 여의도 면적의 절반에 해당된다. 이들 일가가 이후 계성주식회사를 통해 토지를 추가 구매한 것을 감안하면 이들은 음성군 지역에서 더 많은 토지를 소유했던 것으로 추정된다.

음성을 분할한 민씨 3형제

민영휘와 첩 안유풍의 아들 3형제는 음성군 지역 전 읍·면에 토지

조선총독부 토지조사부에 따른 민영휘 일가
충북 음성군 토지소유내역
· 총면적 : 154만1925㎡(46만여평)
· 소유자 : 민영휘와 첩 안유풍 사이에 태어난 3형제

를 소유한 것으로 나타났다.

이들은 충북 음성군 음성읍 8개리에 45만9858㎡(13만9351평)을 소유했다. 금왕읍 9개리에 46만225㎡(13만9462평)을 소유했고 소이면 2개리 2만919㎡(6339평), 원남면 3개리에 4만95㎡(1만2150평)을 보유했다. 맹동면에선 3개리 3만469㎡(9233평), 대소면에선 8개리 29만8238㎡(9만375평)을 소유했다. 삼성면 2개리 5만365㎡(1만5262평), 생극면 6개리 17만6534㎡(5만3495평), 감곡면 1개리 4432㎡(1343평)을 보유했다.

이들이 보유한 토지의 필지 수는 무려 500개에 달했다.

민영휘에서 아들로, 조선신탁을 거쳐 손자로 대물림

친일반민족행위자 민영휘 아들 3형제가 물려받은 토지는 어디서 나왔을까?

남금자(충주시청) 학예사의 박사논문『대한제국기 민영휘의 충주 일대 토지 소유와 경영사례』에 따르면 민영휘는 음성군 금왕읍과 음성읍, 대소면과 맹동면, 생극면과 삼성면, 그리고 감곡면에 233개 필지, 63만여㎡ 토지를 보유했다. 이 시기는 아직 대한제국이 존재할 때다. 이런 점을 감안하면 민영휘는 자신이 보유한 토지를 조선총독부가 토지대장을 작성할 때 자신의 이름이 아닌 세 아들 명의로 등기를 했을 것으로 추정된다.

세 아들의 이름으로 등기된 토지는 다시 손자 세대로 이전됐다.

음성군 금왕읍 유포리 일대 토지대장을 전수조사한 결과 민천식 소유였던 토지는 1934년 전후로 민병도(閔丙燾, 1916-2006년)에게로 이전된다. 민병도는 한국은행장을 지낸 인물로 남이섬의 창립자다. 민대식의 아들이지만 아들이 없던 민천식에게 입양됐다.

민병도에게 넘어간 토지는 다시 1936년을 전후로 민영휘와 민대식이 설립해 운영한 조선신탁주식회사를 거친다. 민병도는 다시 1948년 반민특위 활동이 시작되기 전 대부분의 토지를 매각해 부를 축적했다.

대지주 민씨 일가는 민중을 얼마나 수탈했을까?

1908년 12월 9일 당시『대한매일신보』는 '가석하다, 민영휘씨여'라는 제목의 기사를 보도했다.

기사 본문에는 민영휘에 대해 '악귀'(惡鬼)라고 지칭하는 표현이 자주 나온다.

기사에서 『대한매일신보』는 민영휘에 대해 "우리는 더 전임 악귀 민영준(민영휘의 개명 전 이름)씨가 아니오. 오늘 날 교육가 민영휘씨라 하였더니…"라고 표현한다.

"전일 민영준씨의 눈에 있는 들보를 모두 빼어 버리고… 옛 민영준씨의 미친 돈병을 모두 고칠지며…"라며 민영휘에 대해 '미친 돈병' 즉 돈에 미친 사람이라고 분석한다.

기사 중간에서 "민영준씨의 독한 수단으로 가산을 탕패한 장가, 김가 들이 오늘날 민영휘씨를 방저할 터이며, 옛날 민영준씨의 악한 입으로 전토를 빼앗긴 박 가, 리 가가 민영휘를 호소할터이니…"라며 민영휘가 강제로 토지와 재산을 빼앗은 사실을 언급했다.

충북 음성군 지역에서도 민영휘에게 강제로 빼앗긴 돈을 돌려달라는 소송도 제기됐다.

이런 사실은 1909년 3월 17일자 『대한매일신보』에 보도됐다.

민영휘는 이렇게 빼앗은 토지를 소작농에게 농사를 짓게 하면서 많은 부를 축적했다.

남금자(충주시청) 학예사의 박사논문『대한제국기 민영휘의 충주 일대 토지 소유와 경영사례』논문에 따르면 민영휘는 당시 충주군에 속한 음성군 일대 토지 52만8000㎡(16만여평)에 대하 159명의 소작인에게 대여했다.

남금자 학예사는 소작인 159명 중 59명이 토지가 없는 무전민(無田民)이라고 밝혔다.

남 학예사는 당시 소작인은 종자를 부담하고 농사를 지어 생산한 곡물의 50%를 지주에게 바치는 것이 관행이라고 했다.

농사를 지은 작물의 50%를 챙겼던 민영휘와 후손들에겐 부의 축적 쯤으로 여겨졌겠지만, 농민들에겐 수탈 그 이상도 이하도 아닐 것이 뻔하다.

이렇게 음성군 지역에서 민영휘와 그 후손들의 토지를 소작하며 수탈당했던 소작농은 어느 정도일까?

남금자 학예사가 16만 여평에 소작인 159명을 언급한 것을 바탕으로 추정하면 음성군 지역에 480명 정도의 소작인이 있었을 것으로 추정할 수 있다.

< 조선총독부 토지조사부에 따른 민영휘 일가 충북 음성군 토지소유내역 >

읍·면	리	면적(평)	필지	소유자	읍·면	리	면적(평)	필지	소유자
음성읍	읍내리	5,339	7	민대식	맹동면	쌍정리	675	1	민대식
	평곡리	95,747	92	민대식		용촌리	4,969	4	민대식
	석인리	7,296	6	민대식		신돈리	3,649	4	민대식
	한벌리	8,469	13	민대식		계	9,293	9	
	용산리	8,656	10	민대식	대소면	오산리	7,269	5	민천식
	소이리	1,075	2	민대식		태생리	11,063	13	민대식·천식
	신천리	11,867	15	민대식		삼정리	9,011	6	민천식
	동음리	896	1	민대식		미곡리	10,400	10	민대식
	계	139,351	146			삼호리	1,596	3	민대식
금왕읍	유촌리	25,804	35	민천식		내산리	32,712	34	민대식·천식
	사창리	1,296	3	민규식		오류리	12,061	17	민천식
	호산리	44,760	25	민규식		대풍리	6,243	8	민천식
	쌍봉리	2,573	4	민규식		계	90,375	96	
	유포리	18,647	17	민규식	삼성면	대정리	14,324	19	민규식
	오선리	3,292	4	민천식		용대리	938	2	민규식
	내송리	5,279	6	민천식		계	15,262	21	
	각회리	17,268	16	민천식	생극면	병암리	10,568	14	민규식
	삼봉리	2,322	4	민천식		도신리	2,121	8	민규식·천식
	계	139,642	129			관성리	8,547	8	민규식
소이면	충도리	1,532	2	민대식		임곡리	15,100	24	민규식
	비산리	4,807	6	민대식		차평리	11,712	13	민대식
	계	6,339	8			차곡리	5,447	7	민대식
원남면	상당리	639	2	민대식		계	53,495	74	
	하당리	4,011	5	민대식	감곡면	단평리	1,343	2	민천식
	하노리	7,500	8	민대식	총계		467,250	500	
	계	12,150	15						

(※지명은 1910년대 토지조사부 조사 당시 지명)

민영휘 일가
충북 옥천군 토지도 집어 삼켰다

옥천읍에만 11만평, 옥천군 전체 28만평 육박
아들 민대식·규식 이름으로 토지조사부 등재

친일반민족행위자 민영휘(閔泳徽, 1852~1935년) 일가가 1910년대 충북 옥천군에 최소 축구장 127개 면적의 토지를 보유했다.

일제강점기 조선총독부가 1912년부터 1918년까지 작성한 토지조사부를 조사한 결과 민영휘 일가는 옥천군 지역에 92만630㎡(27만8979평)의 토지를 보유했다. 토지조사부에는 민영휘 본인이 아니라 아들 민대식(閔大植, 1882~1951년)과 민규식(閔奎植) 이름으로 등재했다.

민씨 일가는 옥천군 지역 읍·면 중 청산면과 청성면을 제외한 7개 읍·면 지역에 토지를 보유했다.

그들이 가장 많은 토지를 보유한 곳은 옥천읍으로 16개 리(里)에 36만5584㎡(11만783평)의 토지를 보유했다. 이 면적은 축구장 50개에 달하는 크기다. 옥천읍 다음으로 동이면과 이원면에 13만2000㎡(4만평)에 넘는 토지를 보유했다.

< 조선총독부 토지조사부에 따른 민영휘 일가 충북 옥천군 토지소유내역 >

읍·면	리	면적(평)	필지	소유자
군북면	대정리	601	1	민대식
	이백리	2,482	2	민대식·규식
	자모리	1,519	2	민대식
	항곡리	16,438	32	민규식
	환평리	11,411	14	민규식
	합계	32,451	51	
군서면	사양리	947	2	민규식
	상중리	9,057	15	민규식
	오동리	1,242	8	민규식
	월전리	922	1	민규식
	은행리	3,952	8	민대식
	합계	16,120	34	
동이면	금암리	8,571	15	민대식
	남곡리	3,778	3	민대식
	석탄리	7,071	14	민대식
	세산리	26,310	47	민대식
	적하리	940	2	민대식
	지양리	313	1	민대식
	평산리	733	1	민대식
	합계	48,116	83	
안남면	연주리	3,577	9	민규식
안내면	도이리	830	1	민대식
	인포리	13,016	14	민대식
	장계리	11,289	15	민대식
	정방리	634	1	민대식
	합계	25,769	31	

읍·면	리	면적(평)	필지	소유자
옥천읍	가풍리	7,790	9	민대식
	교동리	19,554	15	민대식·규식
	구일리	11,650	16	민대식·규식
	금구리	12,501	14	민대식·규식
	대천리	9,423	8	민대식·규식
	동안리	2,977	4	민대식
	마암리	4,572	3	민대식·규식
	매화리	8,093	14	민대식
	문정리	9,678	10	민대식·규식
	삼청리	1,532	2	민대식
	상계리	4,138	5	민규식
	서대리	10,654	17	민대식
	서청리	2,565	3	민대식·규식
	옥각리	770	1	민규식
	죽향리	2,019	3	민대식·규식
	하계리	2,867	5	민규식
	합계	110,783	129	
이원면	강청리	2,705	7	민대식
	개심리	357	1	민대식
	건진리	529	1	민대식
	용방리	14,131	22	민대식
	원동리	5,418	6	민대식
	의평리	1,053	1	민대식
	이원리	7,934	14	민대식
	지탄리	1,373	3	민대식
	평계리	8,663	7	민대식
	합계	42,163	62	
청산면		0	0	
청성면		0	0	
총계		278,979	399	

(※지명은 1910년대 토지조사부 조사 당시 지명)

괴산에도
57만675㎡ 토지 보유

청천면 지역에 집중, 45만9303㎡ 보유
청안·불정면 등 3개면에 민영휘·대식·규식 이름으로 등재

일제강점기 조선총독부가 1912년부터 1918년까지 작성한 토지조사부를 조사한 결과 민영휘 일가는 괴산군 지역에 최소 57만675㎡(17만932평)의 토지를 보유한 것으로 확인됐다.

이들 일가는 충북 옥천군 92만630㎡, 음성군 154만1925㎡, 진천군 34만9520㎡를 소유한 것으로 확인됐다.

이에 따라 『충북인뉴스』가 토지조사부를 전수조사를 완료한 충북 옥천·괴산·음성·진천군 지역에서 민영휘 일가가 보유한 토지는 최소 338만2750㎡(축구장 1230개)로 늘어났다.

민영휘 일가는 괴산군 청안면과 청천면, 불정면 3개 지역에 토지를 소유한 것으로 나타났다.

괴산군 지역에선 민영휘 이름으로 토지조사부에 토지가 등재돼 음성군과 옥천군, 진천군 지역과 차이를 보였다.

이들 3개 군 지역에선 민영휘 본인이 아니라 아들 민대식(閔大植, 1882~1951년)과 민규식(閔奎植) 이름으로 등재했다.

괴산지역에선 청안면 지역에 민영휘 본인의 이름으로 38개 필지 8만3757㎡(2만5381평)을 소유했다.

이어 민규식과 민대식의 이름으로 나머지 토지를 보유했다.

특히 청천면 지역에 토지를 대거 소유했다. 민규식 이름으로 청천면 이평리에 21만8609㎡(6만6245평)을 소유한 것을 비롯해 5만1292㎡(1만5543평), 덕평리 4만6900㎡(1만4212평)을 소유했다.

민규식의 이름으로 청안면 지역 토지조사부에 등재된 토지만 45만9304㎡(13만9183평)에 달했다.

한편 괴산군 지역에는 민영휘 일가 이외에도 일제국주의로부터 귀족의 호칭을 받은 친일반민족행위자 이해승과 이근택·근호·근홍 형제도 많은 토지를 소유한 것으로 나타났다.

< 민영휘 일가 충북 시·군별 토지현황 >

(자료출처 : 조선총독부 토지조사부)

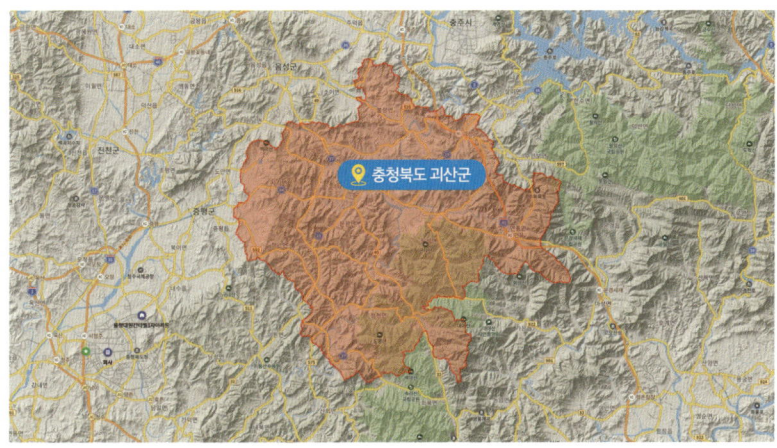

< 조선총독부 토지조사부에 따른 민영휘 일가 충북 괴산군 토지소유내역 >

읍·면	리	면적(평)	필지	소유자
청안면	부흥리	4,937	7	민영휘
	장암리	5,858	7	민영휘
	문당리	15,586	24	민영휘
	소계	26,381	38	
청천면	월문리	1,509	3	민규식
	금평리	7,987	13	민규식
	부성리	2,086	4	민규식
	지경리	395	1	민규식
	송면리	11,960	18	민규식
	이평리	66,245	45	민규식
	사기막리	1165	1	민규식
	관평리	13,948	20	민규식
	덕평리	14,212	15	민규식
	거봉리	15,543	18	민규식
	운교리	4,133	5	민규식
	소계	139,183	143	
불정면	목도리	1,530	2	민대식
	웅동리	1,184	2	민대식
	앵천리	4,654	9	민대식
	소계	7,368	13	민대식
총계		172,932평 (570,675㎡)	194	

(※지명은 1910년대 토지조사부 조사 당시 지명)

을사오적 이근택도
남작 이해승도 괴산에 토지 소유

'형제 친일파' 이근택 3형제, 22만9060㎡ 보유
일본 귀족 후작 작위 이해승, 24만4827㎡ 소유

친일반민족행위자 민영휘(閔泳徽, 1852~1935년) 일가가 1910년대 충북 전역에 막대한 토지를 소유한 것으로 나타난 가운데 을사오적 이근택(李根澤, 1865~1919년)을 비롯한 또 다른 친일파도 많은 토지를 소유했다.

일제강점기 조선총독부가 1912년부터 1918년까지 작성한 토지조사부를 조사한

을사오적 이근택

이근택·근상·근홍 형제
괴산 불정·소수면
6만9412평

후작 이해승

괴산 불정면
7만4190평

결과 민영휘 일가는 옥천군 92만 630㎡, 음성군 154만1925㎡, 진천군 34만9520㎡를 소유한 것으로 확인됐다.

민영휘 일가 토지를 조사하는 과정에서 괴산 불정면 일대에 을사오적 이근택(李根澤) 형제와 일본으로부터 후작 작위를 받은 이해승(李海昇, 1890~1958년)이름으로 토지조사부에 등재된 현황을 확인했다.

이에 따르면 이근택과 그의 동생 이근상(李根湘, 1874~1920년),

이근홍(李根洪) 형제는 괴산군 불정면과 소수면 일대에 22만9060㎡ 보유한 것으로 나타났다.

이들은 불정면과 소수면 이외에도 토지를 보유해 괴산군 일대에 이들 형제가 소유한 토지는 훨씬 더 많을 것으로 추정된다.

이근택과 이근상은 형제 친일파로 유명하다. 이근택은 충북 충주 출신으로 을사오적 중 한명이다. 1910년 한일병합에 기여한 공으로 일본으로부터 훈1등 자작 작위를 받았다.

이때 그의 형 이근호(李根澔, 1861~1923년), 동생 이근상(李根湘) 도 자작 작위를 받았다. 5형제 중 3형제가 일본으로부터 귀족 작위를 받았다. 이들 3형제가 받은 작위는 모두 그 아들들이 물려 받았다. 또 다른 친일반민족행위자 이해승은 괴산군 불정면 일대에 24만 4827㎡을 소유한 것으로 확인됐다.

이해승은 1910년 10월 일본으로부터 후작(侯爵) 작위를 받았다. 이때 일본 정부로부터 은사공채 16만2000원을 받았다.

1912년에는 '종전(한일병합 전) 한·일 관계의 공적이 있는 자'로 한국병합기념장을 받았다.

이해승의 손자는 스위스그랜드힐튼 호텔 이우영 회장이다.

광복회는 2021년 이해승이 소유했던 서울 서대문구 홍은동 일대의 토지로 16필지에 면적 26만1340㎡ 공시가 263억원 상당을 찾아내 국가 귀속 신청을 했다.

광복회는 당시 자신들이 찾아낸 친일재산은 이해승 손자 이우영이 운영하는 스위스그랜드호텔 토지와 같은 위치에 속하고 있다고 밝혔다. 한편 이해승과 이근택 형제의 자손들은 여러 차례 친일재산을 환수당하지 않으려고 국가를 상대로 소송을 제기했다.

'나라를 팔아 첩(妾)을 얻다'
민씨 일가가 일본인 첩을 얻은 이유

**1924년, 잡지『개벽』49호에서 민영휘 일가 축첩 내용 상세히 소개
"끔찍하고 역겨워! 민씨 일가는 첩과 관련 악마의 소굴"이라고 제목
민영휘·안유풍 아들 대식·규식, 일선융화 차원에서 일본인 애첩 얻어**

"아! 그 돈이 모두 어디에서 나온 것이냐! 인민의 피와 땀을 다 자낸 것이 아니냐!"(『개벽』49호 / 제목 색색형형의 경성 첩 마굴, 가경가증할 유산(계)급의 행태 / 1924년 7월 1일).

일제강점기 시절인 1924년 7월 1일 잡지『개벽』은 민영휘를 포함한 민씨 일가의 축첩(畜妾)과 관련된 뒷 얘기를 폭로한다.

기사 제목은 '色色形形(색색형형)의 京城(경성) 妾魔窟(첩마굴), 可驚可憎(가경가증 할 有産級(유산급)의 行態(행태)이다.

요즘 말로 풀어보면 '형형색색의 경성 첩 마굴(=악마의 소굴), 끔찍하고 역겨운 유산계급(=부자, 자본가)의 행태'라고 이해하면 된다.

기사 제목에서부터 이들 민영휘 일가의 축첩을 바라보는 시각이 고스란히 드러난다.

필자는 觀相者(관상자)로 '관상을 보는 사람'이란 뜻인데, 익명으로 쓴 것으로 보인다.

『개벽』은 천도교에서 발행한 잡지로 1920년 6월에 창간했다.

당시 『개벽』은 서두에서 "현재 사회에서 큰 재산을 가지고 사치, 호광으로 2~3명의 첩을 얻어 별별 발광의 짓을 하는 자에 대해 이야기하려면, 자연히 귀족, 부호 밖에 말할 수 없다"며 시작한다.

그러면서 "민씨(=민영휘를 포함한 여흥민씨 일가) 집처럼 첩 많은 집은 없다"며 "집집마다 다니며 보기는 바쁘고 어려우니까, 집도 크고 중심이 되는 경운동 '민 자작'(=민영휘) 집에다가 '애첩 관상소'(愛妾 觀相所)라는 임시 간판을 붙이고 한꺼번에 살펴 보자"고 시작한다.

"민영휘, 해주마마 안유풍이 '해주오, 해주오' 하면 다 녹는 모양"

『개벽』은 민영휘가 얻은 첩 중에서 안유풍 이야기를 비중있게 다룬다. 기사에서 해주마마(=안유풍)는 2~3명의 아들을 낳고, 지금껏 큰 호광을 누릴 뿐더러, 대감(=민영휘)의 총애를 특히 많이 입었다고 언급한다.

이어 "(최근에도) 별 수단을 다 써서 閔濬植(민준식)의 집 寺洞(사동, 지금의 인사동) 竹洞宮(죽동궁)을 10만3000원에 헐가로 매수해 해주마마(=안유풍)를 주려고 수리 중"이라고 소개한다.

그러면서 "아무리 구두쇠 민 대감이라도 해주집(=안유풍)이 '해주오, 해주오' 하는 데에는 다 녹는 모양"이라고 비꼬았다.

민영휘가 안유풍이 기거할 새집으로 매입한 '죽동궁'은 조선왕조 중종 단경왕후와 순종의 장녀 명온공주가 살았던 집이다. 이전에 안유풍이 살았던 집은 유안당(遺安堂)이라 불렸다.

色色形形의 京城妾魔窟
可驚可憎할 有産級의 行態

觀相者

에크—— 觀相者가 또 나왓다 이 觀相者는 開闢 六月號(京城號)에 처음으로 看板을 부치엿다 날자는 비록 몃츨 안이 되얏스나 京城의 各 人物을 한번 觀相하야 世上에 發表함매 京城全市街는 勿論이고 各 地方까지도 모도 왓작 써드러서 이 곳에서도 수군수군 저 곳에서도 수군수군 한다 一時는 뫼이는 곳마다 觀相者의 말뿐이엿다 그 中에도 或은 나도 京城 人物 속에 하나를 끼게 되얏스니 나도 京城人物 축에 하나를 끼게 되얏스니 心偶異로 自負하는 이도 잇고 或은 年齡이 함부로 말 親分이 또하던지 地位 로 하던지 相하야 觀相者가 함부로 말 못할 터인데 그리 하얏다고 怨發怒發하기는 一般인데 不滿을 가진 이도 잇 엇지하야 觀相을 안이 해주는냐고 고 엇던 民學校의 先生님은 이 觀相者의 말을 한번 듯고 두 눈이 휘둥구래서 내가 品行을 잘못 가지다가 라면 서려하고 액구눈이 며리한 눈셔까여먹은 者라면 쓰 夫之相이라면 죠와하고 節늉방이 머리한단 더 병신이라도 公卿大 石君이라면 죠와하고 下之下賤의 相이라도 千石君萬 自己가 아모리 乞人이 되얏실지라도 觀相者가 千石君萬 覺悟한 것이다 이러한 여러 가지의 物論이 沸騰할 것은 觀相者도 더구나 사람은 元來 欲心이 만흔 外에 觀相者로 허허…… 소리만 겨우 지르는 이도 잇엇다 勿論이 반이나 부러워져서 三四日 밥을 잘못 먹엇고 드러누 哀乞伏乞하며 엇던 이는 觀相者의 말이 하 러탄나고 悲雖 觀相은 할지라도 世上에는 제발 發表치마 먼서 以後부터는 悔悟改過하기로 아조 決心하얏 絶戀書까지 보낼 일도 잇고 엇던 女學校 學生은 觀相者 漆板 엇해라 매단 밧줄이 쓴어지기 쉽겟다고 愛妾에게 自己의 墮落한 事實을 ——히 自白하

—(78)—

일제강점기 시절인 1924년 7월 1일 잡지 『개벽』은 민영휘를 포함한 민씨 일가의 축첩(畜妾)과 관련된 뒷 얘기를 폭로한다. (사진=개벽 49호, 본문 기사 /출처 : 국사편찬위원회 한국근현대사 데이터베이스)

"일선융화(日鮮融和)의 결정체, 민영휘 아들 일본인 애첩 거느려"

잡지 『개벽』은 민영휘의 첩 뿐만 아니라 안유풍과의 사이에서 태어난 큰아들 민대식과 셋째, 민규식의 축첩도 다뤘다.

이 잡지는 먼저 "(민대식과 민규식은) 미국 유학을 해 눈이 높아진 까닭에 업을 얻어도 어지간한 '바느질 그릇' 퇴물이나 기생으로는 만족지 못할 것"이라고 꼬집었다.

이어 "(친일파 민영휘의 자식들은) 일선융화(日鮮融和=일본과 조선이 화합해 어울린다) 호기회(=좋은 기회)를 만나고 보니, (한일)합병 후에 은혜를 입은 귀족부호로서 가정부터 근본적으로 일선융화를 할 필요를 절실히 느꼈다"고 밝힌다.

그러면서 "민대식(안유풍의 장남)은 남산 밑 일본요리 국수집 주인의 딸을 매수하여, (일선)융화의 결정체인 아이까지 낳았다"고 전했다.

또 민영휘와 안유풍 사이에 태어난 민규식은 진남포 모 여학교의 일본인 교사를 첩으로 얻어 딸까지 낳고, 요새 또 배가 남산만하게 불렀다며 일본인첩과 두 번째 자식을 가진 사실도 알렸다.

『개벽』은 이들 민영휘 일가 외에도 일본으로부터 자작 작위를 받았던 민병석(閔丙奭)과 민병승(民丙昇), 민영찬(閔泳瓚), 민용호(閔溶鎬) 등 민씨 일가의 축첩과 관련한 이야기도 상세히 전했다.

그러면서 『개벽』은 민영휘와 그의 아들 등 다른 민씨까지 포함해 이들이 축첩하는 과정에서 들어간 막대한 금전의 출처에 대해서도 신랄하게 비판한다.

한마디로 그 돈은 인민의 피와 땀을 짜낸 것이라는 것이다.

민영휘 일가, 이순신 장군의 묘소위토까지 팔아먹으려 했다

**1931년 5월 동일은행, 충남 아산 이순신 장군 묘소위토 경매 통보
당시 동일은행장은 민영휘·안유풍 장남 민대식
경매 사실 알려지자 전 조선민중 분노, 모금운동 벌어져
2만여명 참여해 1만7000원 모금, 동일은행 채권환수**

　민영휘 일가는 자신들의 무덤은 왜색풍으로 호사스럽게 만들었다. 하지만 민씨 일가는 민족의 영웅으로 추앙받는 충무공 이순신 장군의 묘소 위토를 경매에 부쳐 팔아넘기려 했던 것으로 확인됐다.
　1931년 5월 13일『동아일보』는 '이천원에 경매당하는 이 충무공의 묘소 위토' 제목의 기사를 단독으로 보도한다.
　『동아일보』는 기사에서 "임진란, 거북선과 함께 역사를 지은 민족적 은인 '이 충무공'(=이순신 장군)의 충남 아산군 음봉면 사정리에 소재한 위토(位土) 60 두락지가 장차 경매에 붙을 운명에 있다"고 전한다.
　『동아일보』에 따르면 충무공 이순신 장군의 13대 종손 이종옥 (1887~1941년)씨의 살림이 어려워지면서 위 토지를 담보로 당시 돈 1300원을 빌렸는데 채권자인 동일은행이 빚을 갚지 못한다며 그해 9월에 경매에 부치기로 했다는 것이다.
　13대 종손 이종옥의 살림이 어려워진 것은 독립운동과 관련이 있

1932년 조선민중의 성금으로 다시 제작돼 봉안된 충무공 이순신 장군 영정. (사진=한국사데이터베이스)

을 것으로 추정된다.

충무공의 14대 손이자 이종옥 선생의 아들인 이응렬(李應烈, 914~1993년) 선생이 1942년 4월 14일 조선총독부 용산경찰서에서 치안유지법 위반혐의로 조사를 받는다.

치안유지법은 1925년 일제가 독립운동가와 사회주의 운동을 억누르기 위해 제정된 법률이다.

당시 작성된 용산경찰서 심문조서에는 이응렬 선생은 부친 이종옥 선생에 대해 "나의 부친은 중국군관학교(=신흥무관학교)를 졸업

1931년 5월 13일 『동아일보』가 단독으로 보도한 기사.

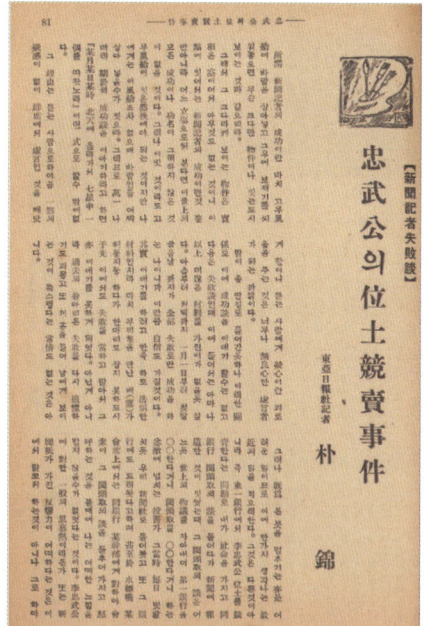

1931년 12월에 발행된 잡지. 경매 기사를 단독으로 보도한 『동아일보』 기자가 1931년 12월 1일 잡지 『동광』에 기고한 글. (사진=한국사데이터베이스)

하고 어렸을 때는 만주로 도망쳐 상당히 조선독립운동을 위하여 활약했다"고 진술한 것으로 돼있다.

또 『조선일보』에 따르면 1934년 6월 조선총독부 경무국(警務局)이 극비로 작성한 '국외 용의(容疑) 조선인 명부'에도 이종옥 선생이 포함됐다.

이런 것을 종합해 생각해 보면 종손 이종옥은 그 당시 가산을 정리해 독립운동을 위해 만주 등지에서 활동했을 가능성이 높다.

동일은행은 1931년 민영휘가 세운 한일은행과 호서은행이 합병돼 만들어진 회사다. 은행장(=頭取, 두취)은 민영휘와 안유풍 사이에 태어난 장남 민대식이 맡았다.

민족의 성웅으로 추앙받은 충무공 이순신 장군의 묘소 위토였지만, 아버지에 이어 대를 이은 친일파 민대식이 은행장으로 있던 동일은행은 가차 없었다.

당시 『동아일보』 기사에 따르면 휘하에 있던 책임비서를 통해 "(충무공 이순신장군의 묘소 위토를 경매에 부친다는 것에 대해) 내용을 도무지 모른다. (동일은행) 천안 지국에 통지해 보겠지만, 방침이 경매로 되어 있다면 어쩔수 없다"고 말했다.

경매방침에 분노한 조선 민중

충무공 이순신 장군의 묘소 위토가 경매에 부쳐진다는 사실이 알려지자 조선민중의 분노는 극에 달했다.

이런 사실은 경매 기사를 단독으로 보도한 『동아일보』 기자가 1931년 12월 1일 잡지 『동광』에 쓴 글에 잘 나타나 있다.

이 기자는 '신문기자 실패담, 충무공의 위토 경매사건'이란 글에서 "동일은행에서 이 충무공 위토를 경매한다는 문제로 내가 사명을 가지고 민대식의 말을 신문에 보도한 것이 이었다"며 "민대식의 말은 물의를 자아내 은행을 OO한다거나 민대식을 OO한다거나 하는 분격에 넘치는 투서가 매일 빗발치듯 우리 신문사로 들어 왓고 또 그 은행에도 들어왔다고" 전했다.

『동아일보』보도이후 '충무공 유적보전회'가 꾸려졌고, 조선민중은 충무공 이순신 장군의 묘소 위토를 지키는 모금운동에 나섰다.

그 결과물은 대단했다.

운동의 성과는 1932년 5월 29일자『동아일보』기사에 잘 나타나 있다.『동아일보』는 당시 한 면 전체를 할애해 해당 소식을 전했다.

지면의 가장 큰 제목은 '만 민중의 눈물로 중건된 현충사, 새 사당에 봉안될 충무공 영정'이다.

각각 배치된 기사의 제목은 '성금으로 한곳에 뭉친 추모의 열정, 뜻모아 유적 보전', '민족적 의분, 빈부와 노소를 초월해 발로된 민족적 지정', '성금에 얽힌 눈물어린 미담' 등 보전운동 전반을 상세히 보도했다.

『동아일보』에 따르면 1년여 동안 총 2만여명이 모금에 참여해 당시 돈으로 1만7000여원이 모금됐다.

『동아일보』가 소개한 모금자들은 사연은 눈물나도록 애절하다.

"우리집 식구가 굶을 지경이라도 성금을 보탭니다. 위토와 묘소를 구하십시오"(자동차 운전사 김문갑)

1932년 5월 29일자
『동아일보』.

"저는 향촌에서 7~8식구와 함께 다섯 두락지기 소작을 하는 가난한 집 아이 올시다. 작년 농사는 전부 소작료로 바쳤고, 기금은 먹으며 굶으며 하는데 오늘 요행으로 돈이 몇푼 생겨서 쌀을 사려고 쌀가게에 갔으나 그 집에서 『동아일보』에 난 충무공 기사를 읽는 소리를 듣고 눈물이 앞을 가려옵니다. 충무공의 은덕을 생각하면 밥을 먹지 않아도 배가 고프지 않습니다. 돈이 적음으로 다른 동무와 협력하여 1원을 만들어가지고 우표로 사서 보냅니다."(○○○ 소년)

"저희 들은 처지가 처지이니만치 눈이 어둡고 귀가 먹었습니다. 남들 신문 읽는 소리를 듣고 가슴이 찢어지는 듯하여 견딜수 없어 약간의 금액을 보냅니다." (미상)

친일파에 맞서 이순신 장군의 묘소와 위토를 지키다

결과적으로 조선 민중은 친일파 민씨 일가가 운영한 동일은행으로부터 충무공 이순신 장군의 묘소와 위토를 지켰다. 당시 돈 2000여원의 채무를 갚고 남은 돈 1만5000여원으로 사당을 중건하고, 영정을 새로 제작했다.

『동아일보』에 따르면 당시 봉안된 충무공의 영정은 이상범 화백이 그렸다. 하지만 친일파 민씨 일가의 묘들은 여전히 화려하다. 강원도 춘천시에 소재한 민영휘의 묘소는 여전히 왕릉 부럽지 않게 호화롭게 번쩍이고 있다.

민영휘의 묘지기가 살던 집은 강원도지정 문화재가 돼, 국민의 세금으로 보전된다. 국가 사적지 상당산성 안에 있던 안유풍과 민대식의 묘는 최근에서야 파묘됐다.

민대식의 동생 민천식(한일은행 두취=은행장) 부부의 무덤은 여전히 국가 사적지 상당산성안에 왜색을 드러낸 채 버젓이 존재한다.

여기서 혹시 모를 뜬 구름 잡는 이야기를 해보면 어떨까?

만약 1931년 당시 조선 민중이 충무공 이순신 장군의 묘소 위토를 지키지 못했다면 무슨 일이 벌어졌을까?

친일로 얻은 부귀영화가 자손만대에 이르기를 꿈꾸던 그들 일가의 묘소로 바꿔치기 되지는 않았을까?

제4부
불망

골프에 빠진 친일파, 일제강점기 충북의 골프마니아는?	_ 22편
'불멸의 애국옹' 대한제국 최후 군인 청주사람 이원하를 아십니까?	_ 23편
얼빠진 애국옹과 청주 모충사의 빗나간 모충사상	_ 24편
반민특위 '일제 충견' 기소한 친일파 기념비가 학교에 우뚝?	_ 25편
없애도 시원찮은데…또다시 세워진 반야월 노래비	_ 26편
여전히 사라지지 않는 친일파가 만든 시(군)민의 노래	_ 27편
친일행적 반야월은 충청북도 '명예도민', 제천시 '명예시민'	_ 28편

골프에 빠진 친일파
일제강점기 충북의 골프마니아는?

**김동훈 도지사, 진천 출신 이승우 변호사 '경성골프클럽' 회원
이완용 아들 이항구와 같은 클럽, 입회비만 당시 돈 300원
경성골프클럽 조선인 회원 대다수는 노골적인 친일 활동**

"그딴 것을 잃었다고 좋아하는 골프 놀이도 못한단 말이요! 그러면 집에서 술을 먹거나 기집을 데리고 노는 것도 못하겠구료"(매국노 이완용의 아들 이항구의 말)

조선왕조는 무너졌지만 아직 마지막 왕인 순종이 살아있었던 1924년 4월 9일. 조선왕조 오백년 역사상 처음 겪는 황당한 절도사

일제강점기 시절 운영된 효창원 골프장 모습.

건이 발생했다.

바로 종묘에 보관된 어보(御寶, 지금의 국새나 옥새)가 없어진 것이다. 어보(御寶)는 왕이나 왕비, 왕세자 등이 사용한 왕실의 의례용 도장을 말한다. 국가와 왕권을 상징하는 예물로 국새와 같은 것이다.

당시 조선 이씨 왕가의 종묘 등 재산관리는 '이왕직(李王職)'이라는 일본 궁내성 소속 기관이 맡았다.

이왕직의 이(李)는 조선왕실의 성(姓)인 전주 이씨를 지칭하고, 왕(王)은 일본의 왕실봉작제의 작위명(爵位名)을 의미한다.

1924년 4월 13일 『동아일보』 〈종묘 안의 절도는 오백년 들어 처음일〉이라는 기사에 따르면, 그해 4월 9일 절도범은 종묘 안 영령전(永寧殿)에 보관된 덕종과 예종의 어보를 도둑해갔다.

당일 숙직자가 있었지만 절도 사실을 전혀 몰랐다.

이에 대해 『동아일보』는 조선의 마지막 왕 순종은 "어보를 찾았느냐"며 침담(잠자는 일과 먹는 일)을 잊으셨다고 전했다.

"그게 무슨 일이라고!" 골프삼매경에 빠진 이항구

이왕 순종이 잠을 못 자고 먹는 것도 잊었지만 이왕직의 핵심 책임자인 2명은 골프삼매경에 빠졌다.

『동아일보』는 "이왕직(의) 차관 시노다 지사쿠씨와 예식과장 이항구는 11일 아침부터 자동차를 몰아 용산 효창원에 이르러 날이 맞도록(하루 종일) '골프' 놀이에 정신이 없었다"고 보도했다.

매국노 이완용의 아들 이항구는 자신에 대한 비판에 대해 오히려 "그게 무슨 (대단한) 일"이냐며 막말을 쏟아낸다.

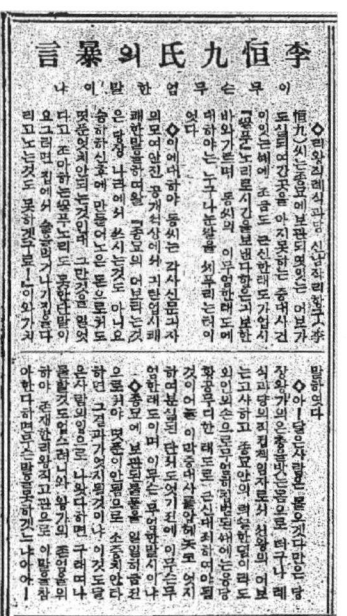

『동아일보』 1924년 4월15일 라는 기사.

『동아일보』 1924년 4월15일 <이항구씨의 폭언, 이 무슨 무엄한 말이냐>라는 기사에 따르면 그는 언론사 기자들을 모아놓고 궤변을 늘어놓았다.

이항구는 기자들을 앞에 놓고 "종묘의 어보라는 것은 당장 나라에서 쓰시는 것도 아니요. 승하하신 후에 만들어 놓은 돈으로 쳐도 몇푼어치 안되는 것인데 그만 것을 잃었다고 좋아하는 골프놀이도 못한단 말이요"라고 말했다.

이어 "그러면 집에서 술을 먹거나 기집을 데리고 노는 것도 못하겠구료"라고 덧붙였다.

이항구가 가입한 경성골프클럽, 입회비만 300원

이항구처럼 골프삼매경에 빠진 조선인들은 얼마나 될까? 1938년 1월 1일 잡지『삼천리』는 '서울의 상류사회, 입회금만 삼백원 드는 골프장'이라는 기사를 실었다.

『삼천리』는 기사에서 "어느모로 보든지 서울의 상류사회는 화려한 품이 '그래도 서울이로구나' 할만큼 온갖 점에 잇어 뛰어나게 빛나고 있다"며 "서울 안에는 지위가 높은 당상 귀족들도 여럿있고 수백만원, 수십만원하는 큰 부자들도 여럿이 있어 그 노는 품이 보통 우리들 과는 달리 호화롭고 크고 범위가 넓다"고 했다.

그러면서 "우리는 서울 상류사회의 놀이터로 지목되는 골프 구락부(클럽), 승마 구락부(클럽) 귀족회관의 그 윤곽과 내용을 차례차례 들추어보기로 하리라"고 했다.

『삼천리』는 "조선 안에 고관과 일류명사 들만을 멤버로한 고급사교 구락부(클럽)으로 가장 세인의 흥미를 집중하고 있는 것은 경성 골프 구락부(클럽)"이라고 했다.

이 잡지는 골프란 운동이 상류계급 사회에서 얼마나 크게 평가받는지는 알 수 없다면서도 모 인사가 골프를 치러 동경에서 비행기를 타고 오기도 하고 신의주에 있는 모 고관은 매주 일요일 골프를 치러 서울로 온다고 전했다.

『삼천리』는 경성골프클럽에 가입조건에 대해 회원 2인 이상의 추천이 있어야 하고, 입회비는 당시 돈으로 300원, 연회비 60원을 내야 한다고 설명했다. 또 매월 20원 내지 30원을 내야 한다고 덧붙였다.

그러면서 『삼천리』는 "이런 들기 어려운 경성골프구락부에 입회하고 있는 조선 사람은 누구 누구인가?"라며 회원명단을 공개한다.

그에 따르면 경성골프클럽에는 보통회원 416명이 있는데 이중 조선인 43명의 명단을 공개했다.

『삼천리』가 공개한 명단에는 윤치창, 윤호병, 임준부, 한상룡, 임무수, 임경순, 방태영, 박두병, 박용균, 박영근, 박흥식, 박영철, 박기효, 장병양, 조준호, 이병길, 이항구, 이정재, 이승우, 이성희, 유일한, 송성진, 고원훈, 오한영, 최진, 최남, 김한두, 김한규, 김연수, 김긍환, 김사, 김종선, 유억겸, 민대식, 민규식, 민희식, 성원경, 윤치왕, 박용운, 박용구, 박석윤, 김동훈, 김건영 등이다.

당시 조선 최대 매판자본가였던 민영휘의 후손 민대식과 민규식 형제, 이완용의 아들 이항구 등 회원 대부분은 노골적인 친일행위를 했던 인물이다.

『삼천리』는 이들에 대해 "그 이름을 들여다보면 모두 다 서울 사회의 이름 날리는 큰 부호, 실업가, 옛날 도지사 다니다가 지금은 중추원에 들어가 있는 참의, 광산가, 변호사들이다"라고 설명했다.

충북 출신 김동훈·이승우는 누구?

『삼천리』에 실린 경성골프클럽회원에는 당시 조선총독부가 임명한 충북도지사 김동훈(金東勳)이 회원으로 가입돼 있다.

〈친일반민족행위진상규명보고서〉에 따르면 김동훈은 충북도지사를 지낼 당시 『경성일보』에 "내선일체의 국민적 신념을 하나로 해서 자원의 개발과 산업의 발전 촉진에 전력을 기여하여 생업보국의 지성을 완성하지 않으면 안된다"(『경성일보』 1937년 9월 15일 5면)거나 "노력을 게을리하면 국민정신총동원을 준비하는 것이 불가능하기 때문에 우리들을 비상시에 임하는 공복으로 중임을 새롭게 깊이 인식하고"라는 글을 싣는 등 친일행위를 했다.

그의 일본 창씨명은 '金原邦光(카네하라 쿠니미쓰)'로 지금은 충북문화관으로 이용되는 충북도지사 관사를 지은 인물이다. 그가 지은 옛 충북도지사 관사는 전형적인 일본식 가옥의 모습을 띠고 있다.

또 다른 인물인 이승우(李升雨, 일본식 이름 : 梧村升雨, 1889년 8월~1955년 8월 27일)는 조선총독부 중추원 참의를 지냈다. 충북

경성골프클럽 회원에 가입한 김동훈이 조선총독부 충북도지사를 지내면서 지은 충북도지사 관사 내부모습.

진천군에서 태어나 일본에 유학한 뒤 주오 대학 법과를 졸업했다. 1919년 3·1 운동 직후에 변호사로 등록했다. 1925년 조선박람회 평의원으로 취임하고, 1926년 다이쇼 천황이 사망했을 때 일본 정부로부터 대례기념장을 받은 반민족행위자다.

『삼천리』가 경성골프클럽 기사를 보도한 시기인 1938년 당시 이승우는 총독부 산하 시국대책 조사위원회에 위원으로 참석하여, 신사참배 강요 정책에 따라 전국적인 신사참배 실시를 위해 면 단위까지 신사를 증설하고 흰옷을 입는 풍속을 개량해야 한다는 주장을 했다.

지원병제가 실시되자 시국대응전선사상보국연맹 경성지부장으로서 지원병제 실시 축하대회를 개최하고, 지원병으로 참전할 것을 독려했다.

'불멸의 애국옹' 대한제국 최후 군인 청주사람 이원하를 아십니까?

**대한제국 특무정교 출신, 죽는 순간에도 일장기 밑에서 궁성요배
조선총독부 '불타는 애국열'·'애국옹'이라며 대대적 홍보
'국기 아래에서 나는 죽으리' 영화 만들고 일제 교과서에도 실려**

일제강점기, 일제로부터 '불멸의 애국옹'이라는 칭호를 받았던 이원하(가운데)는 대한제국 특무정교 출신이다. 임종 직전 사경을 헤매던 이원하는 일장기가 게양된 게양대(왼쪽)앞에서 궁성요배를 하고 죽은 것으로 알려져 있다. 이원하의 이야기는 '국기 아래에서 죽으리'(오른쪽. 영화의 한 장면)라는 영화로도 제작됐다.

1907년 군대가 해산될 때까지 특무정교를 지낸 대한제국 최후의 군인 청주사람 이원하(李元夏, 1866~1939년).

군복은 벗었지만, 그의 애국심은 꺼질 줄 몰랐다. 그의 애국심을 반영하듯 이원하가 죽었을 때 언론은 '열열한 애국적 열정가', '불멸의 애국옹(翁:노인)'이라며 대서특필했다.

언론이 '불멸의 애국옹'이라고 부르는 데는 다 이유가 있다.

이원하는 죽기 직전 3일간 인사불성 상태가 됐다. 그를 돌보던 부인이 잠든 사이 인사불성 상태에 있던 이원하는 몸을 일으켜 100여 미터 정도 떨어져 있는 국기게양대로 향했다.

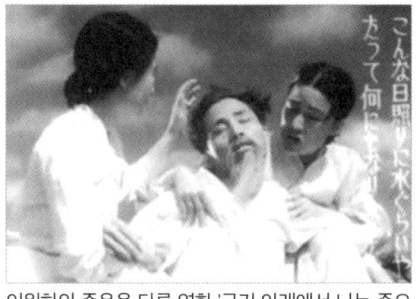
이원하의 죽음을 다룬 영화 '국기 아래에서 나는 죽으리'의 한 장면.

국기게양대 앞에 선 이원하는 동쪽을 향해 엎드려 절했다. 절을 마친 이원하는 남은 힘을 다해 다리를 모으고 정좌했다. 그 자세로 이원하는 최후의 숨을 거뒀다. 국기 앞에서 절을 하고 마지막 숨을 거둔 대한제국의 마지막 군인. 그는 그렇게 '불멸의 애국옹'이 됐다.

문제는 그가 숨을 거뒀던 게양대에 휘날린 것은 태극기가 아니라 일장기였다는 사실이다. 그가 절을 한 동쪽은 일본 천황이 살고 있는 방향이었다. 이원하의 '불멸의 애국'하는 마음은 바로 일 천황에 대한 충성심이었다.

대한제국 특무정교 이원하

1908년 유종국이 지은 모충사실기(慕忠祠實記)에 따르면, 1887년 당시 병마절도사 홍재희(洪在熹)는 병영의 청사를 창건하고 병사를 모집해 군사를 훈련시켰다. 이듬해인 1888년 진남영(鎭南營)의 영호가 하사된다. 모충사실기에 따르면 이원하는 진남영의 특무정교

(特務正敎)였다.

조선총독부의 기관지 역할을 했던『매일신보(每日申報)』1939년 2월 10일자 기사에 따르면 이원하는 진남영 특무장교로 갑오년(1894년) 동학농민군을 진압하는데 공을 세웠다.

이원하의 군인으로서의 삶은 1907년 대한제국 군대 해산령과 동시에 끝이 난다.

군인의 삶은 끝났지만 그의 충성심은 '모충회(慕忠會)'로 이어진다. 모충회는 1894년 9월(음력) 청주성으로 진격한 동학농민군과의 전투에서 목숨을 잃은 진남영 소속 72명의 관군을 추모하기 위해 만들어진 단체다.

『매일신보』는 이원하가 "동학란 당시 희생된 72군인의 충용을 영원히 위령하기 위해 설립된 청주 모충회 회장으로 있어 모충사상을 고취했다"고 보도했다.

이원하는 어떻게 애국옹(애국노인)이 되었나?

『매일신보』는 이원하가 "명치40년경 청주 남면장이 되었으며 면장직을 사임한 후에는 은거했다"고 보도했다.

이 신문에 따르면 이원하는 소화8년(1933년)에 농촌진흥운동이 일어나자 사창리(현 청주시 사창동)의 구장이 됐다.『매일신보』는 이원하가 농촌갱생에 선력을 다해 퇴폐한 사창리를 바로잡았다고 했다.

이원하의 친일행위는 일제강점기『매일신보』에 수차례 보도된다.『매일신보』는 1927년 1월 8일자 기사에서 모충회 회장으로 있는 이원하가 일 천황 요시히토의 죽음을 기리며 청주시 사직동 모충사에

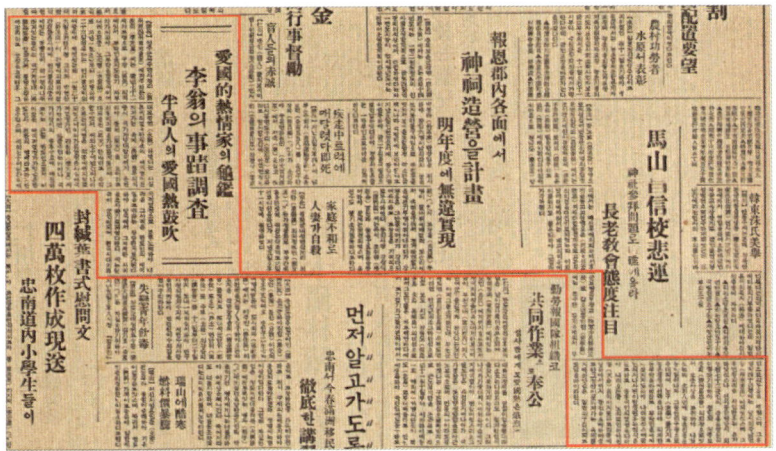

1939년 2월 10일자 『매일신보』 기사. 기사에 이원하가 사경을 헤매다가 마지막 힘을 다해 일장기가 내걸린 게양대 앞에서 일본 황궁을 향해 궁성요배를 하고 정좌한채 숨을 거뒀다는 내용이 자세히 기록돼 있다.

서 1백여명과 함께 (궁성)요배를 했다고 전했다. 궁성요배는 천황이 사는 궁을 향해 절하는 것을 가리킨다.

궁성요배를 하는 등 행위를 했다 하더라도 평범한 촌민에 불과했던 이원하는 어떻게 '불멸의 애국옹'이 되었을까?

『매일신보』는 1939년 2월 10일 '애국적 열정가의 귀감'이란 기사를 통해 이원하의 죽음을 알렸다.

『매일신보』는 먼저 "이원하는 72세의 고령으로 (사창리: 현 청주시 사창동) 구장의 직에 있어 부락민을 지도하며 그 부락을 갱생시키어 내려오던 중 노쇠병으로 지난 1월 초순부터 와병했다"고 전한다.

이어 "23일경부터는 인사불성이 돼 중태에 빠졌었는데 1월 26일 오전 한 시경 그의 처 박연산이 간병에 피로하여 잠깐 잠든 사이에 인사불성의 중태에 있던 동 병인(이원하)이 약 1정(100여m)이나 떨어져 있는 국기게양대 앞에 가서 동방(일본 천황이 사는 궁궐 방향)을 향하여 정좌하고 궁성을 요배(절)한 후 그대로 영면하였다"고 했다.

『매일신보』는 이 씨의 죽음에 대해 "평소의 애국심이 무너져가는 육체를 무의식중에 국기게양대까지 운반하여 동쪽 하늘에 절을 하게 했다"며 "이와 같은 열정은 이원하씨 아니면 찾을 수 없다. (한)반도 인사 전반의 명예라고 하지 않을 수 없다"는 평가를 덧붙인다.

영화 '국기 아래에서 나는 죽으리'
조각상 만들고, 교과서 등재까지

이 씨의 죽음을 전한 『매일신보』는 계속해 이원하에 대한 기사를 쏟아낸다. 이 씨의 죽음을 보도한 지 하루 뒤인 1939년 2월 11일 『매일신보』는 '이원하 옹의 애국미담, 소(초등)교 교과서에 등재'한다는 제목의 기사를 작성했다.

이원하가 숨을 거뒀다는 일장기를 건 게양대.

이어 『매일신보』는 "이원하 옹(노인)의 애국열은 범인으로는 도저히 꿈도 꾸지 못할 바"라며 "(한)반도인 전반의 애국열을 고취함에 다시 없는 귀감이 되고도 남을 바이라 하여 이원하 옹의 애국열을 금번에 편찬하는 소학교 교과서에 등재하기로 하였다"고 전했다.

같은 해 2월 16일 『매일신보』는 청주경찰서장과 청주모충회장, 충북도의회의원 등 청주의 유지들이 이원하의 추모기념비를 건립하기로 했다고 전했다. 또 그의 (친일)사적을 조사해 팸플릿으로 만들어 전 조선에 배포할 계획이라고 알렸다.

이원하의 행적을 다룬 영화 '국기 아래에서 나는 죽으리' 의 한 장면.

이틀 뒤인 1939년 2월 18일자 보도에서는 일본인 청년조각가 토바리 유키오(戶張幸男)가 이원하의 조각상을 만들기 위해 청주를 답방했다고 보도했다.

같은 해 4월 12일에는 조선 조각계의 권위자 김복진(金復鎭)씨는 이원하의 흉상을 기부하기로 했다고 전했다.

압권은 그의 죽음을 다룬 영화 '국기 아래에서 나는 죽으리'다.

1939년 4월 13일 『매일신보』는 조선문화영화협회가 이원하의 애국열을 널리 소개하는 영화를 제작하기 위해 이원하의 집과 청주시 사창동을 답사했다고 전한다.

이 소식이 전해진 지 세 달 뒤인 1939년 7월 18일 『매일신보』는 '불멸의 애국옹, 영화 완성돼 시사회'란 제목의 기사를 내보낸다.

이에 따르면 조선영화협회는 이 씨의 행적을 다룬 '국기 밑에서' 영화를 제작해 17일 아침 조선총독부 정무총감과 국장들이 참석한 가운데 시사회를 진행했다. 주연은 한국인 김건·복혜숙이 맡았다.

영화의 최종제목은 '국기 아래에서 나는 죽으리라'로 줄거리는 이렇다. 청일전쟁이 일어나자 이원하는 전쟁에 나가 싸우는 일 황군의 이야기를 들려주며 청년들과 근로보국을 위해 힘을 아끼지 않고 일을 한다.

때마침 중국의 난징이 함락됐다는 소식이 들리자 이원하는 손수 일장기를 만들어 동네 사람들에게 나눠주고 신사참배를 한다.

그해 겨울 병을 얻은 이원하는 죽음이 닥쳐온 것을 알고 사력을 다해 밖으로 기어 나온다. 이원하가 없어진 것을 안 가족들과 동네 사람들은 혹시나 하는 마음에 국기게양대로 달려간다.

그곳에는 두 손을 땅에 집고 일본 궁성을 향해 공손히 죽음을 바친 이원하의 차디찬 시신이 있었다.

'조선의 히틀러' 총독 미나미 지로(南次郎) 방문
이원하의 아들 "선친 유훈 받들어 황국신민으로 몸을 바칠 각오"

일제강점기 시절 '조선의 히틀러'라 불릴 정도로 가장 악명 높은 총독 미나미지로(南次郎)도 이원하가 죽은 곳을 찾았다.

1939년 6월 8일자 『매일신보』 기사에 따르면 조선총독 미나미지로는 11일 아침 이원하의 고향인 청주군 사주면 사창리를 방문하기도 했다. 그는 방문한 자리에서 이원하의 업적을 칭송하고 유족을 비롯한 주민 일동에게 빛나는 영예를 표창할 계획이라고 전했다.

이원하의 얼빠진 행적처럼 그의 아들도 아버지와 다를 바 없었다.

1939년 6월 13일 『매일신보』 기사에 따르면 이원하의 아들 이범준은 조선미술전람회가 열리는 서울을 찾았다.

이 자리에는 일본인 조각가 토바리 유키오(戶張幸男)가 만든 이원하의 조각상이 전시됐다.

『매일신보』는 이 씨의 아들이 "감회 깊게 선친의 생존 시 모든 일을 추억하면서 조각 앞에서 엎드려 공손히 절을 한 후에 옆에서 설명하는 그 조각품의 제작자 토바리 유키오에게 재삼 치하하면서 두 눈에는 눈물이 글썽 어리어 보는 사람으로 하여금 극적 장면을 보였다"고 보도했다.

이어 이 씨는 "이미 지하에 가서 계시지만 세상에서 그 생존시의 애국열을 알아주시게 되니까 영혼이나마 기뻐하실 것"이라며 "나와 가족은 앞으로 우리 선친의 유훈을 받들어 황국신민으로서 나라를 위하여 몸을 바칠 각오"라고 말했다고 전해진다.

1939년 6월 12일자 『매일신보』 기사. 이원하의 아들 이범준(사진 왼쪽 흰두루마기를 입은 사람)이 서울 조선미술전람회에 참석해 이원하의 조각상을 둘러보고 있다. 조각상에는 이원하가 일장기 밑에서 두 손을 모으고 참배하는 모습이 새겨졌다.

이원하 사후 "지하서 통곡" 왜?

일제 조선총독부로부터 '불멸의 애국옹'이라는 찬사를 받았던 이원하는 죽은 지 2년 뒤 다시 언론에 등장한다.

1941년 1월 9일 『매일신보』는 '애국옹 지하서 탄식'이라는 제목의 기사를 보도했다.

1941년 1월 9일 『매일신보』 기사. 애국옹 이원하가 지하서 통곡한다는 내용을 담고 있다.

이에 따르면 이원하가 죽은 뒤 가족이 그의 묘지를 담보로 어떤 고리대금업자에게 600원을 빌렸다.

상환 기간이 만료됐지만 이원하의 가족을 그 돈을 갚지 못해 대금업자에게 기한을 연장해 달라고 했다.

그러자 고리대금업자는 요청을 뿌리치고 담보로 잡은 이원하의 묘지를 경매에 부치려 했다.

『매일신보』는 이런 사실을 알린 뒤 "지하에 들어간 애국옹을 생각하면 애달프다"며 "고리대금업자의 악착한 소행을 청주 일반 식자 간에서는 비난하고 있다"고 전했다.

『매일신보』는 3일 뒤에는 당시 일본인 청주부읍장과 충북도회회원이 채권자를 회유해 채무 상환기간을 6개월 연기하기로 했다고 보도했다.

한편 일제강점기 시절 보도된 이원하의 행적은 청주시 사창동과 현재 모충동에 있는 모충사와 관련돼 있다.

모충사는 1894년 갑오동학농민혁명 당시 농민군과 전투과정에서 숨진 관군을 추모하는 사당이다. 조선왕조 지방에 세워진 최초의 현충시설로 알려져 있다.

얼빠진 애국옹과 청주 모충사의 빗나간 모충사상

**이원하, 모충회 회장으로 있으면서 회원들과 궁성요배
홍재희 충청병마절도사, 명성황후 시해한 일 낭인에 살해당했는데
직속상관 홍재희 추모비석 옮겨놓더니 색마지사 박중양과 참배**

1894년 갑오동학농민전쟁 당시 목숨을 잃은 관군 73인의 영정을 모시고 있는 청주 모충사 전경.

"나팔 소리와 엄숙한 '받드러 총' 의례식은 없었으나 살진 도야지 (돼지)와 맑은 술은 탁상에 진열되고 유족과 회원들의 분향 배례는 축축히 내리는 가을비에 무한한 느낌을 주었다"(1923년 11월 14일 『매일신보』 기사)

일제강점기 조선총독부 충북도지사를 지낸 친일파 거두 박중양. 창씨명은 호추 시게요로 이토 히로부미의 양아들로 불렸다.

1923년 11월 10일 당시 청주군 사주면 화흥리(현재의 청주시 모충동) 소재 모충사(慕忠祠) 부지에 있는 충청병마절도사 홍재희(洪在憙, 1842~1895년) 충혼비(忠魂碑) 앞에서 제사가 진행됐다.

제사는 조선총독부가 '불멸의 애국옹'이라 극찬한 이원하(李元夏)가 부회장으로 있는 모충회가 진행했다. 이 자리에는 모충회 회원과 관민 백여 명이 참석했다.

참석자 중 가장 눈에 띄는 인물은 조선총독부가 임명한 당시 충북도지사 박중양이다.

창씨명 호추 시게요(朴忠重陽), 박중양은 '이토 히로부미의 양아들'이라 불리며 친일에 앞장섰던 거물 친일파다.

그의 악행은 한둘이 아니다.

충북도지사 재임 시절 조선총독부 사이토 마코토를 속리산 법주사에 데려와 젊은 비구니 6명에게 술 시중을 들게 했다.

박중양은 이때 20살의 비구니 양순재를 겁탈했다. 천하의 몹쓸 짓을 당한 비구니 양순재는 스스로 목숨을 끊는다.

뼛속까지 친일파로 불린 박중양에 대해 당시 동아일보는 이 사건을 보도하면서 제목에 색마지사(色魔志士)란 단어를 붙였다.

일본 유학시절 물에 빠진 이토 히로부미의 처를 살려내 그의 눈에 들었다. 해방 이후에도 박중양은 이토 히로부미를 '이토 공(公)'이라고 존대했다.

명성황후와 함께 일인 낭인에 살해당한 충청 병마절도사 홍재희

'얼빠진 애국옹'은 대한제국 진남영의 특무정교 출신의 군인이다. 진남영은 충의공 홍재희에 의해 설립된 군영이다.

1887년 당시 충청 병마절도사 홍재희(洪在羲)는 군영의 청사를 창건하고 병사를 모집해 군사를 훈련시켰다. 이듬해인 1888년 진남영(鎭南營)의 영호가 하사된다.

이원하가 진남영 소속이었던 만큼 홍재희는 그의 직속상관인 셈이다.

홍재희에 대한 역사적 평가는 다양하다. 1894년 갑오년 동학농민전쟁 당시 왕실의 초토사가 돼 농민군을 진압하는 책임을 졌다.

이때 청나라의 군대를 끌어들여 일제가 조선 침략 첫발을 내딛게 했다는 부정적 평가도 있다.

홍재희의 삶은 명성황후와 함께 빛을 보고 그와 함께 생의 마지막을 함께했다.

홍재희는 무예별감(武藝別監)으로 무예청(武藝廳)이라는 왕실 호위대 소속 일개 '무사(武士)'에 불과했다.

그에게 출세의 기회가 온 것은 1882년 임오군란. 당시 반란을 일으킨 군사들은 별기군을 창설한 민겸호와 김보현을 죽인 뒤 명성황후를 죽이려 했다.

이때 궁녀로 변장한 무예별감 홍재희는 명성황후를 등에 업고 피신시켜 그의 목숨을 구했다.

이후 충청병마절도사, 황실 호위부대인 장위영의 영관, 동학농민군을 제압하는 양호초토사로 승승장구했다. 홍재희는 나중에 이름을 홍계훈으로 개명했다.

1895년 8월 당시 일본공사 미우라는 낭인을 동원해 명성황후를 시해하는 을미사변을 자행한다. 이때 홍재희도 일본 낭인들에 맞서 싸우다 그들의 손에 의해 죽임을 당한다.

**자신의 직속상관비를 모충사로 불러들여 능욕한 모충회 이원하
추모비 앞에서 궁성요배, 친일거두 불러들여 군인 정신 추모**

이민원 동아역사연구소장이 작성한 논문 '대한제국의 장충사업과 그 이념'에 따르면 청주시 모충동에 있는 모충사는 일제강점기인 1914년 8월에 세워졌다.

처음 세워진 장소는 모충동이 아니라 지금의 충북도청 뒤에 있는 당산 북쪽이었다.

청주 모충사에 남아있는 충청 병마절도사를 지낸 홍재희의 영세불망비.

　모충사는 1894년 갑오농민전쟁 때 목숨을 잃은 관군 73명의 위패를 모신 사당으로 지어졌다.
　모충회의 전신인 모충계가 주도했는데, 모충계는 홍재희가 설립한 진남영 소속 군인들과 희생당한 관군의 유족들이 참여했다.
　그렇게 유지되던 모충사는 일제에 의해 철거된다. 1923년 박중양이 지사로 있던 충북도와 일인들은 모충사를 허물고 그 자리에 일제 신사(神社)를 건립한다.
　그러자 모충회는 지금 서원대학교가 들어서 있는 청주군 사주면 화홍리(현 청주시 모충동)으로 모충사를 이전했다.

이들은 모충사를 이전하면서 땅에 파묻혔던 홍재희의 '영세불망비'를 이곳으로 옮겨온다.

이런 사실은 조선총독부의 기관지 역할을 한 『매일신보』에 자세히 기록돼 있다.

1923년 11월 14일 『매일신보』는 "홍병사(홍재희)의 충정을 기념한 석비가 지금 충북도청 정문에 있던 것을 시구(市區) 개정될 때 어느 상점의 지하에 파묻혀 있다가 요즘 다시 파내게 되었다. 모충회원들은 장군의 공덕을 사모해 모충단 근처에 옮겨 세운 것"이라고 보도했다.

조선총독부와 충북도는 시구개정을 통해 각 지역의 읍성을 파괴했다. 『매일신보』의 기사를 풀어보면 홍재희의 영세불망비는 원래 청주읍성 근처에 있는데 시구개정을 이유로 청주읍성을 허물면서 비를 땅에 묻었다는 것을 알 수 있다.

그렇다면 이원하가 부회장으로 있던 모충회가 진행한 1923년 11월 제사는 과연 홍재희의 충혼을 위로한 걸까?

모충회는 행사를 진행하면서 뼛속까지 친일파인 호추 시게요 박중양 충북도지사를 불러들여 행사를 진행했다.

자신의 목숨을 앗아간 일제 앞잡이로부터 칭송받는 '충혼'에 과연 홍재희가 이 사실을 안다면 어떤 반응을 보일까?

『매일신보』는 이날 행사를 두고 "모충단이라는 것은 묻지 않아도 경성의 장충단처럼 왕사(王事)에 죽은 군인의 충혼을 치사하는 것이오. 그 충혼을 치사하며 단과 비를 유지 수호하는 것은 그 회원들의 아름다운 이야깃거리로 족히 후대에 전할 만한 일"이라고 했다.

이원하와 모충회의 만행은 여기서 그치지 않는다.

이원하는 이후 모충회장으로 있으면서 회원들과 함께 홍재희의 충혼비를 앞에 두고 일 황실을 향한 궁성요배 행사를 대대적으로 진행했다.

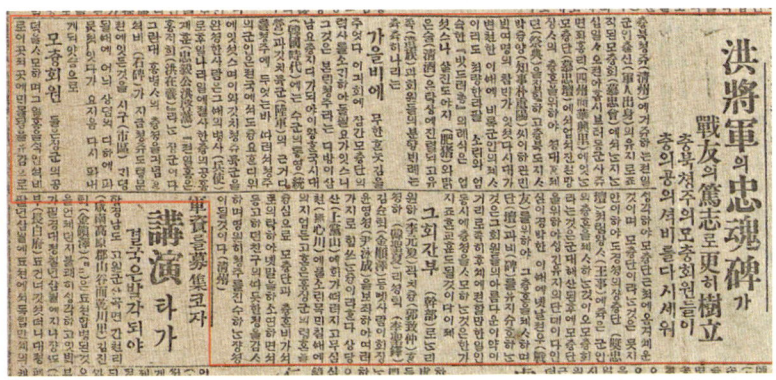

일제강점기 조선총독부 충북도지사를 지낸 친일파 거두 박중양. 창씨명은 호추 시게요로 이토 히로부미의 양아들로 불렸다.

이런 사실은 『매일신보』 1927년 1월 8일자 기사에서 확인된다. 기사는 모충회 회장으로 있는 이원하가 일 천황 요시히토의 죽음을 기리며 청주시 사직동 모충사에서 1백여 명과 함께 (궁성)요배를 했다고 전했다.

『매일신보』는 이원하와 모충회가 홍재희 비석을 세우고 이토히로부미의 양아들로 불리는 박중양 충북도지사가 한 행사를 두고 이렇게 기사의 끝을 맺는다.

"상당산에 해가 떨어지고 무심천에 물소리 목매 칠 때 의지 없는 고혼은 홍 장군의 영혼을 중심으로 모충단과 충혼비가 서로 의탁하여 옛말을 하소연하면서 동고하던 친구의 따뜻한 정을 감사하며 영원히 청주를 진수하는 장성이 될 것이다."

반민특위 '일제 충견' 기소한
친일파 기념비가 학교에 우뚝?

**영동산업과학고등학교, 손재하 추모비 및 육영비 아직도 남아
손재하, 일제하 중추원참의 지내고 '반도장정 징병령' 총독에게 청원
일제 비행기 대금으로 1만원 헌납
반민특위 '일제 충견', '내선일체의 수범'으로 언급**

    100년 가까운 역사를 자랑하는 충북 영동군 소재 영동산업과학고등학교(이하 영동산과고) 교정에 친일인사의 행적을 기리는 추모비가 아직도 남아있는 것으로 확인됐다.
    추모비의 주인공은 손재하. 그는 해방 후 구성된 '반민족특별조사위원회'(이하 반민특위)로부터 '친일충견'으로 지목되고, 정부로부터 '친일반민족행위자'로 지정된 친일파다.
    영동산과고 교정에 남아있는 손재하의 추모비는 '육영지사 손재하 기념비'와 추모비 등 총 2개다.
    '육영지사 손재하 기념비'는 1969년 '영동농업고등학교 동문회 주관 기념비건립추진위원회'가 건립했다.
    추모비는 2000년 7월 당시 교명이던 영동농공고등교장 명의로 건립됐다.
    추모비에는 그의 공적이 빼곡히 적혀 있다.

100년 가까운 역사를 자랑하는 충북 영동군 영동산업과학고등학교 교정에 친일인사의 행적을 기리는 추모비가 아직도 남아있는 것으로 나타났다.

"이곳은 평생 땀흘려 모은 재산을 본교 설립에 기꺼이 희사한 怡堂(이당) 孫在廈(손재하) 公(공)의 발자취가 서린 곳. 이 터전을 공의 훌륭한 공덕을 기리고 그 뜻을 이어받아 국가발전에 기여하는 역군으로 성장할 것을 다짐하는 배움의 전당으로 삼고자 한다. 2000년 7월 15일. 영동농공고등학교장 김병연"   (손재하 추모비 앞면)

"1936년 일제하에 후학 양성의 신념으로 당시로는 천문학적 액수인 거금 5만원(쌀 한가마니 값이 2원)을 희사하여 본교를 건립하시었고 1947년 해방 후 사회혼란으로 교실이 全燒(전소: 모두 타버림)된 사고가 발생하자, 1948년 6월 며칠 밤을 고심한 끝에 "양간면에 논 오백마지기를 팔아라"라고 가족에게 명하여 교실을 건축했다는 일화(逸話)가 있다. 이토록 공께서는 오로지 평생을 육영사업에 헌신하신 큰 어른이시다."
(손재하 추모비 뒷면)

'평생을 육영사업에 헌신하신 큰 어른'(추모비)으로 묘사되거나 "근검과 절약, 노력으로 일관된 삶을 영위"(육영지사 기념비) 등 그의 일생을 미화하는 내용만 가득하다.

반면 손 씨의 친일행적에 대한 기록은 일절 기록되지 않았다.

반민특위, 손 씨의 친일행적에 대해 "일제 충견(忠犬), 충복"이라 지칭
'반도 장정 징병령' 청원하고 '한인 징병제도' 찬성
조선인 청년 일 제국주의 전쟁터로 내몰아

육영지사로 기록된 손재하 씨의 일제강점기 행적은 어땠을까?

1949년 8월 10일 반민특위충북도조사부 조사관 김상철 씨가 작성한 범죄보고서에 손 씨의 행적이 자세히 나와 있다.

범죄보고서에는 손 씨는 일제강점기 시절 영동군 선출 민선 충북도의회 의원 2기를 역임했고, 1939년 충주원 참의에 선출돼 3년을 역임했다고 쓰여 있다.

기재된 범죄사실에 따르면 손 씨는 충북도회 의원 재임 8년 동안 창씨제도에 찬성했다.

'반도 장정 징병령' 실시를 敵政(적정:원수의 정부) 조선총독 '미나미 지로'(南次郎 남차낭)에게 청원했다.

당시 총독 '미나미 지로'는 일제 관동군사령관을 지내다 1936년 8월 제7대 조선총독으로 부임했다. 1937년 중일전쟁이 발발하자 '내선일체'를 내세우며 조선민족 말살정책을 추진했다.

그는 모든 행사에 앞서 '황국신민서사'의 제창을 강요했다. 이를 기반으로 지원병제도를 실시해 많은 청년들을 전쟁터로 몰아넣었으며, 국민징용법에 따라 많은 한국인을 강제 징용했다.

1945년 종전 후 전범으로 국제군사재판에서 종신금고형을 선고받았다. 또 한인징병제도 실시 요망의 건과 해군지원병훈련소 설치 요망의 건을 찬동했다.

손 씨가 청원하거나 찬성한 '반도 장정 징병령', '한인 징병제도' 등은 결과적으로 수많은 조선인들을 일제국주의 전쟁터로 내몬 결과를 초래했다.

내선일체(內鮮一體)의 수범, 손재하
일제 국방비행기 헌금 1만원도 납부

손 씨의 친일 행적은 여기서 그치지 않는다. 반민특위 범죄보고서에 따르면, 손 씨는 1939년 6월에 중추원 참의에 임명됐다.

손씨는 일제의 전쟁 전성기에 전력증강, 전의앙양, 황민화 추진운동에 맹활약했다. 비행기 대금으로 1만원을 헌납하기도 했다.

반민특위는 이상 열거한 죄상이 일제하 충복으로서 적용법 반민족행위자처벌법 제4조 2항과 8항에 해당한다고 명시했다.

반민특위가 작성한 또 다른 문서인 '의견서'에는 손 씨를 "적극적(으로) 식민지정책 추진에 협력하였던 일제하 충견(忠犬: 충신한 개)"으로 기록했다.

자신에게 재산 물려준 일본인 죽자, 일본까지 찾아가 추모

반민특위는 범죄보고서와 의견서에서 손 씨를 '일제의 충복', '일제

1969년 '영동농업고등학교 동문회주관 기념비건립추진위원회'가 건립한 손재하 육영지사 기념비(앞면).

손재하 육영지사 기념비 뒷면.

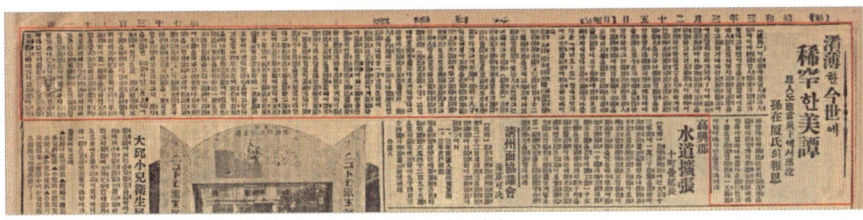
일제강점기 손 씨와 일본인 우편국장과의 사연을 소개한 신문기사.

의 충견'으로 묘사한 것 외에도 '내선일체의 수범'이라는 일화를 소개하기도 했다.

반민특위는 범죄보고서에서 손 씨를 "소위 내선일체(內鮮一體)의 수범이라는 실화도 있고 거금(지금으로부터) 30여년 전에 영동우편국장 일인 孫田茂治에게 금품과 상업자금이며 내종에는 거주하던 주택까지 증여받은 자"라고 밝혔다.

반민특위는 "'내선일체의 수범'이라는 실화는 '조선총독부시정참10주년기념사'에 수록됐다"며 그 내용을 소개했다.

이에 따르면 손재하는 영동우편국장 (일본인) 孫田茂治와 동족 이상으로 친했다.

일본인 우편국장 재임기간에 무수히 (많은) 경제적 시혜와 원조를 받았다.

일본인 우편국장이 일본으로 돌아가 사망했다는 소식을 듣자 곧바로 일본으로 가 유가족을 위로했다. 또 일본인 우편국장의 묘지에 석물장식을 석공에게 만들게 하고 공사비로 당시 돈 100원을 주었다.

이에 대해 당시 신문들은 '내선일체의 아름다운 이야기(가화:佳話)라고 대서특필하기도 했다.

손재하는 일제강점기 당시 충북에서 다섯손가락 안에 드는 갑부로 알려졌다. 반민특위 기록과 일제강점기 시절 언론보도에 따르면 손 씨가 축적한 부의 원천이 '근검절약'이었다는 추모비의 내용은 사실과 다르다.

일본인과 친하게 지냈고 그로부터 받은 경제적 시혜가 부의 원천으로 작용했을 가능성도 매우 크다.

손재하 후손 '친일파 아니다' 소송 냈지만 패소
서울행정법원 "중추원 참의 행적만으로도 반민족행위자"

손 씨의 친일 행적에 대해 민족문제연구소는 2002년과 2008년에 발간한 친일인명사전 수록예정자 명단에 모두 포함시켰다.

2009년 대통령직속 친일반민족행위자진상규명위원회가 발표한 친일반민족행위 705인 명단에도 포함됐다.

그러자 손 씨의 후손들은 "(손재하는) 조선총독부의 강요에 못 이겨 참의직에 있으면서 회의에 참석만 했을 뿐이므로 일제에 협력한 것이 아니다"라고 주장하며 정부를 상대로 소송을 냈다.

이에 대해 서울행정법원은 2010년 10월 선고한 재판에서 "조선총독부 중추원의 반민족적 자문기구로서의 성격과 기능, 참여 인물의 발탁 경위 등을 볼 때 중추원 고문이나 참의로 활동했다면, 그 자체로 친일반민족 행위라고 볼 수 있다"며 손 씨 후손들이 제기한 재판에 원고 패소 판결했다.

없애도 시원찮은데
또다시 세워진 반야월 노래비

**청주 문의문화재단지에 '산장의 여인' 노래비 세워져
2019년 11월 대한가수협회충북지회·안동 권씨 문중 건립 참여
가수 권혜경 추모비 세우며 반야월 작사 '산장의 여인' 가사 새겨 넣어
청주시 관계자 "권혜경 추모비로 알고 허가"**

일제강점기 시절 "올려라 일장기. 빛나는 국기... 앞장잡이다"라는 가사로 구성된 '일억 총진군' 등 노골적인 친일 찬양가요를 불렀던 작사가 반야월(1917~2012년, 본명 박정오)의 노래비가 또다시 세워졌다.

이번에 세워진 노래비는 '산장의 여인'. 이로써 충북지역에는 제천시 박달재에 세워진 '울고 넘는 박달재' 노래비 등 반야월의 노래비는 두 개가 됐다.

2019년 11월 충북 청주시 문의문화재단지에 세워진 '산장의 여인' 노래비.

2019년 11월 대한가수협회충북지회가 청주시 문의문화재단지에 가수 권혜경(1931~2008년, 본명 권오명)의 추모비를 세우면서 친일 음악인 반야월이 작사한 '산장의 여인' 노래비를 건립했다.

가수 권혜경은 1956년 KBS 전속 가수로 시작해 이듬해 '산장의 여인'을 발표하며 '호반의 벤치', '동심초', '물새우는 해변' 등을 발표한 인물이다.

왕성한 활동을 펼치며 전성기를 보내던 권혜경 씨는 1960년대 심장판막증, 결핵 등 병마에 시달리며 활동했다. 이후 전국 교도소와 소년원을 돌며 재소자를 위해 400여 차례 봉사활동을 펼쳤다.

강원도 삼척에서 태어난 것으로 알려진 권 씨는 1994년 옛 청원군(현 청주시) 남이면에 이주해 투병생활을 하다 2008년 사망했다.

그가 사망하자 대한가수협회 충북지회는 권 씨에 대한 다양한 추모활동을 벌이며 노래비 건립을 추진해왔다.

그러던 중 지난해 11월 대한가수협회충북지회는 안동 권씨 추밀공파 도사공계의 후원을 받고, 청주시의 허가를 받아 문의문화재단지에 권혜경 추모비를 건립했다.

권혜경 추모비인가? 반야월 노래비인가?

가수 권혜경 추모사업으로 시작됐지만 건립된 비는 사실상 반야월이 작사한 '산장의 여인' 노래비다. 비에는 권혜경 씨의 사진과 반야월이 작사한 '산장의 여인' 가사가 새겨졌다. 비석 뒷면에는 권태호(법무법인 청주로) 변호사 등 노래비 건립에 관여한 인물들의 이름도 새겨 넣었다.

추모비 어디에도 권혜경 씨의 업적이나 행적 등에 대해선 언급이 없다. 단지 권혜경이라는 이름 석자만 있을 뿐이다.

가수 권혜경 보단 친일파 반야월이 작사한 '산장의 여인' 노래 가사가 더 두드러지게 다가온다.

'산장의 여인' 노래비와 권혜경 추모사업이 문제가 된 것은 처음이 아니다. 2012년 9월 경남 마산시(현 창원시)와 국립마산병원은 '산장의 여인' 노래비 건립과 공원조성을 추진했다.

당시 언론보도에 따르면, 창원시는 "산장의 여인' 노래가 한 여인의 슬픈 사연과 아픔을 지닌 서정적인 스토리텔링을 모태로 하고 있어 시의 새로운 문화·관광브랜드로 개발하기 위해 국립마산병원이 관리하는 마산합포구 가포 소재 터에 노래비를 조성하기로 했다"고 밝혔다.

'산장의 여인'은 한국전쟁 직후 반야월이 마산방송 문예부장으로 마산결핵병원 위문공연을 할 당시 결핵병원 산장병동에 요양 중이던 한 여인의 슬픈 사연을 듣고 지었다고 전해진다.

이 사실이 알려지자 당시 마산 지역 시민단체와 정치권에선 친일 작사의 미화작업이라며 사업 중단을 거세게 요구했다.

이에 대해 당시 마산시 관계자는 "반야월이 작사한 노래를 기리는 비가 다른 지역에도 많이 있다"면서 "반야월 개인을 기리는 비가 아니고, 노래에 얽힌 이야기가 있어 비를 세우자는 것"이라고 말하기도 했다.

"'산장의 여인' 노래를 반야월이 만든 줄 몰랐다"

노래비 건립에 관계했던 관계자들은 반야월의 친일행적 논란에 대해 "잘 몰랐다"는 입장이다.

안동 권씨 후손으로 노래비 건립에 참여했던 권태호(법무법인 청주로) 변호사는 "가수 반야월이 친일행적에 참여했다는 것에 대해서 알지 못했고 생각하지도 못했다"며 "(반야월이) 친일인사라는 것을 알았다면 논의 해봤을 것"이라고 밝혔다.

권 변호사는 "권혜경 씨가 (반야월이) 친일인사라는 것을 알고 노래를 부른 것인지도 모르고, 국민정서와 괴리가 있다는 것도 모르는 것 아니냐"며 "(산장의 여인 노래가) 권혜경 씨의 삶과 맞아떨어져 있는 부분이고, 또 가장 많이 불렀던 노래여서 선택한 것으로 알고 있다"라고 말했다.

노래비 건립 허가를 내준 당사자인 청주시 관계자는 "우리는 권혜경 씨 추모사업에 초점을 맞춰서 요청이 들어와 허가를 내준 것"이라며 "청주시는 비용을 부담하지 않고 오로지 민간이 알아서 진행한 것"이라고 말했다.

반야월의 친일행적에 대해 잘 모르고 진행했다면 지금이라도 바로잡아야 한다는 주장도 제기됐다.

민족문제연구소충북지부 김성진 사무국장은 "친일인사의 행적에 대해 이미 2000년대 중반 정부차원에서 정리한 문제"라며 "모르고 그랬다고 했는데 사실을 알게 된 만큼 지금 바로잡으면 될 문제"라고 말했다.

김 국장은 "지금의 학생들은 기성세대와 사회에 대한 불공정의 문제를 많이 제기하고 있다"며 "역사라는 학문적 영역뿐만이 아니라 (친일인사에 대한 역사적 평가와 대응방안이) 사회인식으로 자리 잡아야 한다. 청주시와 이와 관련된 시민단체들이 (친일인사에 대한 평가를) 바로잡아야 할 때"라고 밝혔다.

가수 반야월은 누구?

반야월은 작곡가 박시춘과 가수 이난영과 함께 한국가요계의 '3대 보물'로 평가받는 인물이다. 하지만 반야월이 만들고 불렀던 가요 중 일부는 노골적인 친일을 담고 있다.

1942년 반야월은 '일억 총진군' 외에도 일제의 군국가요인 '결전 태평양'을 작사했다. 뿐만 아니라 진남방이란 예명으로 '조국의 아들 지원병의 노래'와 '일억 총진군'을 직접 불렀다. 1943년에는 '고원의 십오야'를 노래했다.

다음은 반야월이 작사한 친일가요 중 하나인 '일억 총진군'의 가사다.

일억 총진군(一億 總進軍)
작사 : 반야월 / 노래 진남방 (반야월의 예명)

나아가자 결전이다 일어나거라 / 간닌부쿠로(堪忍袋)의 줄은 터졌다
민족의 진군이다 총력전이다 / 피 뛰는 일억일심(一億一心) 함성을 쳐라
싸움터 먼저 나간 황군(皇軍) 장병아 / 총후(銃後)는 튼튼하다 걱정 마시오
한 사람 한 집안이 모다 결사대 / 아카이타스키(赤い)에 피가 끓는다
올려라 히노마루(日の丸) 빛나는 국기 / 우리는 신의 나라 자손이란다
임금께 일사보국(一死報國) 바치는 목숨 / 무엇이 두려우랴 거리끼겠소
대동아(大東亞) 재건이다 앞장잡이다 / 역사는 아름답고 평화는 온다
민족의 대진군아 발을 맞추자 / 승리다 대일본은 만세 만만세

(※**간닌부쿠로** : 인내를 담은 주머니 / 더 이상 참을수 없는 상태를 나타내는 일본식 표현,
아카이타스키 : 소집영장을 받고 입대하는 사람이 두르는 붉은 어깨띠, **히노마루** : 일장기)

여전히 사라지지 않는
친일파가 만든 시(군)민의 노래

제천시, 시민의 노래로 친일파 김동진 작곡 노래 사용
노랫말도 비슷…산 이름 나오고 '근면', '문화의 낙원' 반복 등장

2024년 4월 1일 제천시(시장 김창규, 국민의힘)는 홈페이지 오늘의뉴스로 <제44주년 제천시민의날 성료>란 제목의 기사형 홍보콘텐츠를 게시했다. 작성자는 제천시청 홍보학습담당관이다.

제천시에 따르면 시민의날 행사에선 반기문 전 유엔사무총장, 김영환 충북도지사와 윤건영 교육감, 오세훈 서울시장 등 18개 국내외 지자체로부터의 축하영상이 상영됐다.

제천고등학교와 제천여자고등학교 학생들은 시민헌장을 낭독했고, 제천어린이합창단은 '제천시민의 노래'를 합창했다.

어린이 합창단이 부른 '제천 시민의 노래'

어린이 합창단이 부른 '제천 시민의 노래'의 가사 말은 이렇다.
<제천시민의 노래>
1절 차량산 소백산 솟아 들리고 남한강 구비흘러 기름진 들판 / 의기와 학문의 오랜전통이 우리들 혈관속에 용솟음친다
2절 민족의 얼이 깃든 역사의 고장 자손들 뿌리박은 생활의 터전

/ 성실과 근면속에 번영이 있다 너와나 손목잡고 힘차게 살자

후렴구 푸른 숲 맑은 물 제천의 산수 대대로 물려받은 우리 복지다 / 슬기와 사랑으로 한데 뭉치어 눈부신 새고을 만들어내자.

어디서 많이 들어 본 것처럼 익숙하다. 우리가 다녔던 초·중·고 교가의 노랫말도 이와 별다르지 않았다.

2024년 4월 1일 제천시(시장 김창규, 국민의힘)는 문화회관에서 시민 200여명이 참여한 가운데 시민의날 행사를 개최했다. 이날 행사에선 제천어린이합창단이 친일파 김동진이 작곡한 '제천시민의 노래'를 불렀다. (사진출처 : 제천시청)

필자가 청주에서 다녔던 초등학교 교가 첫 노랫말은 우암산으로 시작했고, 바로 미호천이 등장한다.

중학교 교가 노랫말 첫마디는 팔봉산으로 시작하고, 가사말에는 역시 미호천이 등장한다. 고등학교 역시 우암산과 무심천으로 시작되는 노랫말로 구성됐다. 가사말은 친일행적 일부가 드러난 시조시인 이은상이 만들었다.

친일반민족행위자 김동진이 작곡한 '제천시민의 노래'

산 이름이 등장하고 강이나 내(천) 이름이 등장하는 이 특징없는 노랫말은 누가 만들었을까?

노랫말은 시조시인으로 알려진 이은상이 썼다.

참고로 지금은 사용하지 않고 있지만 2019년까지 사용한 충북도민의노래에도 소백산, 차령산맥, 금강, 한강이란 지명이 등장했다.

산 이름 한 두 개 나오고, 강 이름 나오는 이 특색없는 노랫말을 지은 사람은 다름 아닌 이은상이다. 이은상은 친일인명사전에 등재되지는 않았지만, 일부 친일행적이 드러난 데 이어 친독재 논란이 제기됐던 인물이다.

곡은 누가 썼을까? 바로 친일인명사전에 등장하는 김동진이다.

『친일인명사전』에 나타난 김동진의 친일행적은 다음과 같다.

"1942년 1월 열린 신징교향악단 정기공연에서 오족협화(五族協和, 오족은 일본·조선·만주·중국·몽골인을 가리킴)와 왕도낙토(王道樂土)의 만주를 그린 교향곡〈만주에 의한 찬가(滿洲に依する讚歌)〉를 연주했다."

"같은 달에 대동아전쟁의 의의를 철저하게 관철시킬 가요 등을 보급하려는 목적으로 만주작곡연구회가 설립되자 회원으로 가입해 활동했다."

제천시청 홈페이지에 게시된 '제천시민의 노래' 악보. 노랫말은 이은상이 썼고, 곡은 친일인명사전에 등재된 김동진이 만들었다.

'이은상 작사, 김동진 작곡' 충북도민의 노래는 사용 중단됐는데

이은상이 작사하고 김동진이 작곡한 도·시·군민의 노래는 '제천시민의 노래' 뿐만이 아니다. '충북도민의 노래'도 이들이 만들었다.

하지만 충북도청은 현재 이들이 만든 '충북도민의 노래'를 사용하지 않고 있다. 충북도가 사용을 중단한 시점은 사회적으로 친일잔재청산 목소리가 높았던 2019년으로 올라간다.

당시는 사회적으로 친일행위에 가담한 인사들이 만든 노래를 친일잔재청산 차원에서 더 이상 사용하지 말자는 여론이 비등했다.

이상식(더불어민주당) 전 충북도의원은 도의회 5분 연설에서 친일파가 만든 충북도민의 노래를 더 이상 사용하지 말아 달라고 요청하기도 했다.

여론을 의식한 충북도는 공식행사에서 친일파가 만든 '충북도민의 노래'를 사용하지 않기로 했다. 대신 2017년 전국체전을 기념해 만든 '신충북아리랑'과 '충북찬가'를 사용하는 것으로 했다.

제천시 관계자 "집행부가 결정할 문제 아냐! 사회적 논의 거쳐야"

제천시청 관계자는 이에 대해 "제천시민의 노래를 친일행적이 있는 인사가 만든 것인지 몰랐다"고 말했다.

이 관계자는 "(시장 등) 집행부가 임의로 결정할 문제는 아닌 것 같다"며 "작곡가의 행적에 대해 알아보고 내부적으로 논의해 보겠다"고 밝혔다.

한편 제천은 '의병의 도시'로 널리 알려져 있다.

친일행적 반야월은
충청북도 '명예도민', 제천시 '명예시민'

2008년 제천 명예시민패, 2012년엔 충북도로부터 명예도민증 받아

'일억 총진군가' 등 일본의 제국주의 전쟁을 찬양하고 참전을 독려한 반야월(본명 박창오)은 충북과 특별한 연고가 없지만 2012년 충북도 명예도민증을 수여 받았다.

2008년 반야월에게 명예시민패를 안긴 제천시의 경우 시민단체가 봉양읍 박달재 고개에 설치된 '가수 반야월의 일제하 협력행위' 안내판에 대한 철거 입장을 수년째 유지하고 있다.

2012년 2월 2일 충북도는 도청을 방문한 반야월에게 명예도민증을 수여했다.

당시 충북도는 보도자료를 통해 "작사가 반야월 선생은 작곡가 박시춘, 가수 이난영과 함께 '가요계의 삼보(三寶)'로 불리고 있다"며 "그간의 '충북사랑'의 뜻에 보답하고 제천을 비롯해 충북 관광산업 활성화에 기여한 공적에 대해 도민의 뜻을 모아 충청북도 명예도민 증서를 수여했다"고 밝혔다.

당시 이시종 지사는 "반야월 선생께서 충북도민이 되신 것은 우리의 영광"이라고 말했다.

충북도는 보도자료에서 "반야월 선생의 방문은 반야월 선생의 충

2012년 2월 2일 충북도는 도청을 방문한 반야월 씨에게 명예도민증을 수여했다.

2012년 3월 제천시는 반야월 씨를 초대한 자리에서 '울고 넘는 박달재' 기념관을 짓고 그 안에 '반야월 선생 전시관'을 설치한다고 밝혔다.

북도에 대한 변함없는 애정을 당부하고, 도민들의 감사한 마음을 전하기 위해 지난해 12월 이시종 도지사의 초청에 의해서 이루어졌다"고 밝혔다.

지난 2016년 3월 19일 충북 제천시 백운면에 위치한 박달재 고개 정상에 사람 키보다 조금 큰 자그마한 안내판 하나가 세워졌다. 안내판의 이름은 '가수 반야월의 일제하 협력행위'다.

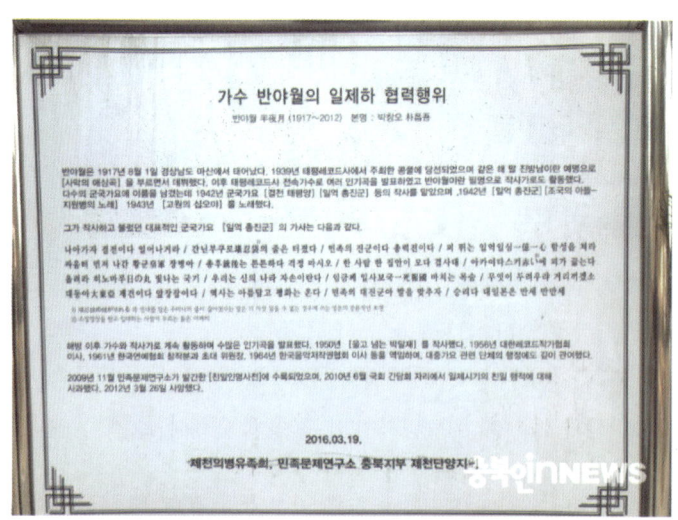

박달재에 설치된 반야월 친일협력행위 안내판.

156 제4부 불망

충북도는 반야월의 방문을 계기로 총 42억원을 들여 박달재에 반야월을 기념하는 전시관 건립을 추진하기도 했지만, 시민들의 반대로 무산됐다.

제천시의 경우 2008년 "대중가요 '울고 넘는 박달재'를 통해 제천을 널리 알렸을 뿐만 아니라 향토가요 발전에 이바지한 가요계의 산 증인"이라며 명예시민패를 전달했다.

제천시, 시민단체가 설치한 '친일행적 안내판' 철거요구

지난 2016년 3월 19일, 제천의병유족회와 민족문제연구소 제천단양지회는 박달재에 설치된 반야월의 노래비 옆에 그의 친일행적을 알리는 안내판을 세웠다.

이에 대해 제천시는 과거 2차례 공문을 통해 철거를 요청했다.

지난 2017년 6월 23일 제천시는 제천의병유족회 등에 공문을 통해 친일행적 안내판은 제천시의 허가를 받지 않고 무단으로 설치된 시설물로 '공유재산및물품관리법'에 따라 자진철거를 하라고 요청했다.

3개월 뒤인 9월 18일에도 다시 공문을 보내 자진철거를 종용했다. 또 시는 공문에서 행정대집행을 언급하고 이 경우 그 비용을 징수할 수 있다고도 전했다.

제천시의 이런 입장은 2019년까지 유지됐다. 2019년 당시 제천시청에서 이 문제를 담당하고 있는 관계자는 "업무를 맡은 지 오래되지 않아 친일행적 안내판 처리에 대해 알지 못한다"며 "팀장 혹은 전임 담당공무원에게 확인해 봐야 하는데 휴가중이어서 확인이 안 된다"라고 말했다.

제5부
아베 군수

'아베' 군수의 탄생 _ 29편

"보은군수는 아베의 앵무새" _ 30편

병풍 사과 그리고 주민소환운동 _ 31편

주민소환 추진 위해 '정상혁 보은군수 퇴진 운동본부' 출범 _ 32편

주민소환운동! 드디어 시작되다 _ 33편

끝내 좌절된 '아베 군수' 주민소환 _ 34편

'아베' 군수의 탄생

정상혁 전 보은군수, 이장단 특강하면서 망언
"세끼 밥도 못 먹던 시절 일본 돈 받아 경제발전"
"동남아에서 (일본) 보상받아서 성공한 나라는 한국 뿐"
"한·일협정 무효화하고 돈 내놓으라 하니 믿을 수 없는 나라 돼"
"불매운동하면 한국이 더 손해… "더 많이 팔아줘"

"일본의 돈을 받아서 우리가 그 가난했던 세끼 밥도 못 먹고 산업시설 아무것도 없던 시절 구미공단, 울산, 포항 산업단지 만든 것 아닙니까? 그러니까 한국 발전의 기본은 5억불을 받아서 했다. 객관적인 평가입니다."

"일본 사람은 솔직히 한국 사람을 이해하지 못합니다. 위안부 그거 한국만 한 것 아닙니다. 중국도 하고 필리핀도 하고 동남아도 다 했습니다. 그런데 다른 나라에 무슨 배상한 것이 없습니다. 한국은 5억불 줬잖아요. 그때 한일 국교 정상화 때 모든 것이 다 끝났다고 일본 사람들은 생각하고 있습니다."

"나라를 대표하는 대통령인 박근혜나 박정희 대통령이 일본 수상하고 사인을 했으면 지켜야 하는 게 아니냐. 그것을 무효화하고 돈 가져와라. 그러면 과거 세계에 국가 대표들이 협약하면 이게 공인된

정상혁 전 보은군수는 2019년 8월 26일 울산광역시 남구에서 진행된 '주민소통을 위한 2019년 이장단 워크숍'에서 한일관계도 폴란드와 독일, 핀란드와 러시아의 관계처럼 과거에 휩싸이지 말고 미래로 나가야 한다고 주장했다.

약속인데 그것을 안 지킨다고 그러니까. 일본이 한국은 믿을 수 없는 나라다. 이렇게 생각하게 됐다. 그런 얘기를 하는 겁니다."

"가끔 술 취한 놈 같이 독일한테 우리도 보상받아야지 되지 않아. (이렇게 말하는 사람에 대해 폴란드 사람들은) 혼자 미친놈 취급하고 거기에 동조하는 놈이 없어요. 언론도(보도를) 안 한다니까! 그러니까 독일의 감정을 건드리지 않는 거예요."

"러시아가 100년 동안 핀란드를 지배할 때 러시아 황제 알렉산더 2세의 동상이 그 광장에 엄청나게 크게 돼 있습니다. 그런데 깜짝 놀랐어요. 왜 저걸 안 때려 부수느냐? 한국 사람 같으면 때려 부셔야 직성이 풀리잖아요?"

'아베 군수'의 탄생 161

정상혁(국민의힘) 전 보은군수는 "한국의 경제발전의 기본은 1965년 한일협정으로 받은 보상금"이라고 말했다. 이 사실이 알려지자 군민들은 분노했다.

군민들은 정상혁 군수를 '아베 군수'라고 불렀다.

정 군수는 2019년 8월 26일 울산광역시 남구에서 진행된 '주민소통을 위한 2019 이장단 워크숍'에서 이같이 주장하고 한일관계도 폴란드와 독일, 핀란드와 러시아의 관계처럼 과거에 휩싸이지 말고 미래로 나가야 한다고 주장했다.

보은군 관내 200여명 이장을 상대로 한 특강에서 정 군수는 "(한일협정당시 일본에게 받은 그 걸 마중물로 해서 경제개발 1차 계획, 2차 계획하는데 그 돈으로 한강의 기적을 이뤄 냈다"고 말했다.

그는 "일본의 돈을 받아서 우리가 그 가난했던 (시절) 세끼 밥도 못 먹고, 산업시설 아무것도 없던 것을 구미공단, 울산, 포항 산업단지 만든 것 아닙니까?"라며 "그러니까 한국의 발전은 5억불을 받아서 했다. 객관적인 평가입니다"라고 밝혔다.

일본 지인의 말을 빌려 위안부 문제도 언급했다. 정 군수는 "아시안게임 하는데 제가 일본 사람이 왔을 때 물었어요. 일본 사람이 한국 사람한테 어떻게 생각하느냐. 한일 관계에 대해. 그런데 그 사람이 얘기 하는 게 '그 사람이 참 나도 이해를 못합니다. 나 한국 되게 좋아합니다. 일본에 한국을 좋아하는 사람이 너무너무 많습니다"라며 운을 뗐다.

정 군수는 그 일본인이 "일본 사람은 솔직히 한국 사람을 이해하지 못합니다. 위안부 그거 한국만 한 것 아닙니다. 중국도 하고 필리핀도 하고 동남아에 다 했습니다. 그런데 다른 나라에 무슨 배상 한 게

없습니다. 한국은 5억불 줬잖아요. 그때 한일 국교 정상화 때 모든 것이 다 끝났다고 일본 사람들이 생각하고 있습니다"라고 말했다.

그러면서 "두 번째는 2015년에 박근혜 대통령이 위안부에 대해서 일본 수상하고 사인하고 돈 줬잖아요. 다른 나라에 하지 않은 것을 우리는 한국에 두 번이나 도움을 줬고, 이걸(로) 우리는 끝났다고 생각합니다"라고 소개했다.

"위안부 문제, 사과하고 배상했는데 자꾸 뭐 내놓으라 해"

정 군수는 "(일본은 다 끝났다고 생각하는데) 그런데 한국은 아니다. 계속 사과하라. 한일 국교 정상회담에도 도움을 준 것은 사과한 것과 마찬가지다. 속에 들어있다. 일일이 다 사과하고 그건 아니다"라며 "일본 사람들의 생각이 그렇다는 거에요. 그런데 자꾸 뭐 내놓아라. 뭐 지금 어떻게 해라. 계속 한국 대법원 판결로.…이것은 납득할 수 없다"고 말했다.

그러면서 "일본 사람들이 한국을 아끼는 사람들도 그런 마음을 가지고 있는 것이 현실입니다. 그런 얘기를 하는 거야. 그 사람이 맞는 얘긴지 일본 사람들의 전체 의견인지 그것은 저는 몰라요"라고 했다.

정 군수는 "나라를 대표하는 대통령이, 박근혜나 박정희 대통령이 일본 수상하고 사인을 했으면 지켜야 하는 게 아니냐. 그것을 무효화하고 돈 가져와라. 그건 아니다. 국가 대표들이 협약하면 이게 공인된 약속인데 그것을 안 지킨다고 그러니까"라며 "일본(이) 한국은 믿을 수 없는 나라다. 이렇게 생각하게 됐다. 그런 얘기를 하는 겁니다"라고 말했다.

전범국가 일본으로부터 배상을 받아서 경제적으로 성공한 나라는 한국밖에 없다고도 했다.

정 군수는 "하여튼 우리가 동남아에서 뿐만 아니라 세계적으로 보상같이 받아서 그 돈을 가지고 발전한 나라는 세계 속에 한국밖에 없다. 그런 얘기를 합니다"라며 "그러니까 1965년에 한일 국교 정상화를 할 때 한국의 GDP가 일본의 29분의 1이었다. 그런데 2018년을 보니까 일본의 3분의 1까지 따라붙었다"고 밝혔다.

"불매운동하면 한국이 손해"

당시 진행되고 있는 일본제품 불매운동에 대해서도 언급했다.

정 군수는 "우리가 일본 담배 안 피우고 맥주 안 먹고 일본 물건 안 팔고 안 먹고 안 사고 안 가고 그런데 결과는 뭐냐?"라며 "우리가 일본 것을 팔아주는 것보다 일본이 한국 것을 팔아주는 것이 2배라는 거예요. 이것을 숙명여대 신○○ 교수가 발표했어요"라고 말했다.

그러면서 "누가 손해냐? 한국이 일본 상품 불매하는데 일본도 한국 것 안 써. 그러면 거꾸로 우리가 손해를 본다 그런 얘깁니다"라고 했다.

"폴란드, 전범국 독일에게 배상요구하면 미친놈 취급"

정상혁 군수는 폴란드의 사례를 들며 한일관계에 대한 생각을 우회적으로 표현했다.

정 군수는 우선 폴란드는 2차 대전당시 독일 침공을 받아 점령됐으며, 이때 인구의 5분의 1에 해당하는 600만명이 학살당했다고 언급했다.

이어 폴란드는 1992년부터 작년까지 평균 4.2%의 경제성장을 하고 있다고 소개했다.

정 군수는 폴란드의 경제성장의 비결에 대해서 한 교민에게 물었고 그 대답에 감동을 받았다며 내용을 소개했다.

그는 "어떻게 (19)92년에 독립한 나라가 잘 살 수 있느냐? 그러니까 그 얘기를 하는 거에요. 독일한테 이놈아! 돈 내놔! 보상해! 얘기하는 사람이 없다 이거야"라고 말했다.

정 군수는 "거기서 가끔 술 취한 것 같이 독일한테 우리도 보상받아야지 되지 않아. (이렇게 말하면) 혼자 미친놈 취급하고 거기에 동조하는 놈이 없어요. 언론이 (보도) 안 한다니까! 그러니까 독일의 감정을 건드리지 않는 거에요"라고 했다.

정 군수는 독일이 폴란드에 6000개의 공장을 지었고, 그곳에 폴란드인 30만명을 고용하고 있다고 소개했다.

그러면서 "그러니까 이(폴란드) 사람들이 과거 역사에 독일한테 우리 할아버지 할머니가 600만명, 인구의 5분의 1이 학살을 당했는데 원한을 품으면... 지금 독일 놈들! 지금 클 거 아니에요! 아무도 독일을 욕하지 않아요"라며 "왜! 힘이 없는 놈이 독일한테 계속 앙앙거리고 그렇게 (해)봐야 어린 애가 어른한테 발길로 차이면 나가 떨어지는 그런 꼴이 아녀. 그런 무식한 짓 안한단 말이에요"라고 말했다.

폴란드인이 이렇게 행동하는 이유는 종교 때문이라는 황당한 주장도 폈다.

정 군수는 "그래서 제가 물었어요. 국민들은 종교가 뭐냐! 90%가 천주교 신자야. 아하! 종교의 힘이구나!"라며 "적을 사랑하고 원수를 사랑하고 용서해주고 종교의 힘으로 독일에 대한 감정을 스스로 가라앉히고…그러니까 독일은 미안하고 그러니 계속 더 지원해주는 거야. 앙앙거리고 계속하면 독일이 또 침입할 수 있잖아요. 아닌 거야! 두 나라가 평화를 평화롭게 지내는 거야"라고 말했다.

"핀란드가 침략자의 동상을 그대로 두는 이유는?"

정 군수는 마지막으로 핀란드와 러시아와의 관계를 예로 들었다. 그는 먼저 핀란드는 1919년 러시아로부터 두 차례 침공을 받아 5만 명이 전사했다고 소개했다.

그러면서 핀란드는 과거 100년 동안 러시아로부터 지배를 받은 적이 있다고 했다.

정 군수는 "러시아가 핀란드를 100년 동안 지배한 적이 있어요. 그런데 그때 지배할 때에 지금 핀란드의 수도 헬싱키에 중앙광장에 가면 그때 러시아가 100년 동안 핀란드를 지배할 때에 러시아 황제 알렉산더 2세의 동상이 그 광장에 엄청나게 크게 돼 있습니다"라고 밝혔다.

이어 "그런데 깜짝 놀랐어요"라며 "왜 저걸 안 때려 부수느냐? 한국 사람 같으면 때려 부서야 직성이 풀리잖아요"라고 말했다.

정 군수는 "그런데 거기(핀란드) 총리를 (19)91년부터 (19)95년까지 지낸 사람을 제가 만났어요"라며 "그 사람이 그러는 거예요. 때려 부수면 금방은 속이 시원하겠지요. 그런데 그건 바보 짓이라는 거예요. 러시아가 우리보다 힘이 센데 지금 때려 부수면 러시아 사람한테 핀란드에 대한 감정을 나쁘게. 그게 있다고 해서 뭐 가로거치는 것이 있습니까?"라고 말했다.

핀란드가 러시아 황제의 동상을 철거하지 않는 두 번째 이유는 역사의 교훈을 삼기 위해서라고 했다.

정 군수는 "그런데 두 번째로 뭐냐? 교훈으로 삼고 있다. 100년 동안 저 자식이 우리를 쳐들어와서 100년 동안 지배를 받았는데 우리가 또 지배를 받으면 안 되잖아. 국민들이 각성하고 화합하고 그래서 국력을 기르자는 것을 국민들이 동상을 바라보면서 마음에 한 번 새겨보는 교훈의 장소입니다"라며 "그 얘길 듣고 깜짝 놀랐어"라고 했다.

정 군수는 "성질나는 대로 다 때려 부수고, 쾌재 부르고 감정적으로 대응하는 것은 무식한 놈들이 하는 거야. 미개한 나라라는 거야"라며 "그 얘길 듣고, 아 핀란드가 세계적인 복지국가가 될 수 있었구나(라고 생각했다)"라고 밝혔다.

'아베 군수'는 이렇게 탄생했다.

"보은군수는 아베의 앵무새"

광복회 등 각계각층 "사퇴하라" 규탄 성명서 쇄도
보은군 특산품 보은대추 불매운동도 벌어져

정상혁 전 보은군수의 망언이 알려지자 군민과 시민사회는 분노했다. 각계각층의 분노에 찬 성명서가 쏟아져 나왔다. 곧바로 광복회 충북도지부와 '충북 3.1운동100주년 범도민위원회'는 충북도청에서 기자회견을 열고 정 군수를 비판하는 성명을 발표했다.

이들은 "전국민적으로 일본을 극복하고, 제2의 독립운동을 하자고 단결하여 불매운동과 반일운동을 벌이고 있는 현실에, 시대착오적 친일 매국 망언을 했다"며 "친일매국 망언을 한 보은군수는 국민께 무릎 꿇고 사죄하고 즉각 사퇴하라"고 촉구했다.

보은지역 시민단체 보은민들레희망연대 김원만 사무국장은 보은군청 누리집 자유게시판에 "주민소환 진행합니다. 지지와 응원 부탁드립니다"란 제목의 글을 올렸다.

김 국장은 글에서 "정상혁은 아베군수다. 그러기에 보은군민들은 보은군수라는 명칭을 쓰지 않으려 한다"며 "스스로 내려오는 것도 아베 군수에겐 명예이기에 용납할 수 없다"고 했다.

정의당은 "보은군수는 아베의 앵무새"라며 "정 군수의 발언은 아베

2019년 8월 30일 보은군 지역 시민단체인 '보은민들레희망연대'는 기자회견을 열고 정상혁 군수의 사퇴를 촉구했다.

정권이 주장하는 내용과 다를 바 없다. 아베의 말을 한국어로 번역했다고 해도 믿어질 정도"라고 강도 높게 비판했다.

잘못은 군수가 했는데…보은대추가 무슨 죄?

정상혁 전 보은군수가 이장단 워크숍에서 일본의 보상금을 받아 경제발전을 이뤘고, 불매운동을 비하하는 취지로 발언한 가운데 불똥이 보은 농산물에 옮겨 붙었다.

대추는 전형적인 농촌지역인 보은의 대표 농산물이다. 해마다 10월이면 대추축제를 열 정도로 보은군이 역점을 두고 있는 특산품이다.

보은군청 누리집 자유게시판에는 정 군수를 비판하는 글과 함께

2019년 8월 28일 광복회 충북도지부와 '충북 3.1운동·대한민국 100주년 범도민위원회'는 충북도청에서 기자회견을 열고 "친일매국 망언을 한 보은군수는 국민께 무릎 꿇고 사죄하고 즉각 사퇴하라"고 촉구했다.

번호	제목
6407	왜국 군수님 답변 부탁드립니다.... NEW
6406	보은군수 즉각 사퇴해라 (지난 정권의 박근혜처럼 군민들에 의해 끌려 내려오고 싶다면 끝까지 버텨도 무방) NEW
6405	의병고장의 부끄러움 NEW
6404	토착왜구와 그 동조세력 이장단협의체들어라. NEW
6403	대추축제와 그외 보은군 대내외행사 모두 취소하라 NEW
6402	보은군수 사퇴하기전까진 불매입니다. NEW
6401	그런 말들을 내뱉으면서 부끄럽지도 않습니까? 사퇴하세요 NEW
6400	보은 군민들이여 그냥계시겠습니까? NEW
6399	의병과 충절 고향에 극우일본 아베군수 정상혁을 당장 퇴진시키자. NEW
6398	보은군에서 생산하는 농산물 불매 동참합니다 NEW

보은군청 누리집 자유게시판에는 정 군수를 비판하는 글과 함께 보은의 대표 특산품인 대추 뿐만 아니라 농산물을 불매하겠다는 글이 쇄도했다.

보은의 대표 특산품인 대추 뿐만 아니라 농산물을 불매하겠다는 글이 쇄도했다.

시민 이춘분 씨는 지난 8월 31일 "오직 국민의 힘으로 쫓아내는 수밖에 없는데, 가장 효과적인 방법은 불매운동입니다"라며 "피해를 입을 농민들께는 죄송하지만, 괴상한 인간을 군수로 뽑은 대가로 받아들여야겠지요. 대추 말고 또 다른 보은의 대표적 농산물이 무엇이 있는지 살펴보고, 이를 SNS 등을 통해 전국민에게 널리 알리도록 하겠습니다"라는 글을 올렸다.

네티즌 박인환 씨도 "찍어준 군민들! 대추 불매하면 됩니까"라는 글을 올렸고, 정병석 씨는 "대추 축제와 그 외 보은군 대내외 행사 모두 취소하라"고 올렸다. 최혜정 씨도 "보은군에서 생산하는 농산물 불매 동참합니다"라는 글을 게시하는 등 군청 누리집은 불매운동 관련 글로 도배됐다.

페이스북 등 소셜네트워크(SNS)도 마찬가지다. 많은 네티즌들은 정상혁 군수 관련 기사를 링크하면서 불매운동을 제안하는 글을 올리며 정 군수의 사퇴를 촉구했다.

불매운동 여론이 확산되면서 보은 군민들의 불안감도 확산됐다. 보은지역 시민단체인 '보은민들레희망연대' 구금회 대표는 "역사교사로 재직 중인데 학생들이 '잘못은 군수가 했는데 왜 우리 엄마, 아빠가 힘들게 농사지은 것을 피해를 봐야 하냐'라고 한다"고 전했다.

고향이 보은인 한 시민은 "보은 대추가 출하될 때면 친척들이 보은 대추를 주변에 선물용으로 주문한다. 그런데 이번에는 사지 않겠다고 미리 말하는 사람들이 많다"며 "군수가 잘못했지 보은대추가 잘못한 것은 아니지 않냐"고 푸념했다.

병풍 사과 그리고
주민소환운동

**비판 거세지자 정상혁 군수 공무원 병풍 세운 채 사과
기자들 추가의혹 제기에 답변도 하지 않고 자리 떠나**

2019년 8월 30일 논란이 확산되자 정상혁 보은군수는 기자회견을 열고 자신의 발언에 대해 공식 사과했다.

정 군수는 "저의 발언이 본의 아니게 일본을 두둔한 것처럼 비쳐, 이 나라를 사랑하는 국민께 큰 심려를 끼쳤다"며 "저의 발언으로 큰 상처 입은 보은군민과 국민께 진심으로 사과한다"고 머리를 숙였다.

정 군수의 사과 기자회견에도 불구하고 진정성이 의심된다는 여론은 계속됐다. 우선 정 군수가 사과 기자회견을 하면서 공무원을 대동한 것과 관련해 '병풍 논란'이 일었다.

한 네티즌은 "반발에 부딪혀 사과하는데 공무원들을 병풍 세웠다"며 "저 공무원들이 무슨 죄를 지었나"라고 비판했다. 또 다른 네티즌은 "뒤에 선 공무원들이 눈에 거슬렸다"며 "그것 때문에 보은 군수의 사과가 쇼로 보였다"고 말했다.

기자회견을 마친 정 군수의 태도도 도마 위에 올랐다. 정 군수는 기자들이 추가 의혹에 대해 질문하자 답하지 않고 자리를 떠났다.

정상혁 군수가 친일 발언을 추가로 했다는 의혹도 제기됐다.

2019년 8월 정상혁 군수가 보은지역 고등학생들을 대상으로 진행된 핀란드 등 북유럽 해외연수에 동행한 자리에서 친일 발언을 했다

2019년 8월 30일 논란이 확산되자 정상혁 보은군수는 기자회견을 열고 자신의 발언에 대해 공식 사과했다.

는 의혹이 언론에 의해서 제기됐다.

보은지역 주간신문『보은사람들』에 따르면 이때 정 군수가 학생들을 대상으로 이장단 워크숍에서 했던 발언과 비슷한 맥락의 발언을 했다고 밝혔다.『보은사람들』은 이외에도 "농업경영인 연찬회에서도 한일관계에 대해 유사한 발언을 했다고 참가자가 제보하는 등 정 군수의 친일 논란을 불러오는 발언이 여러 차례 반복된 것으로 전해지고 있다"고 전했다.

논란이 지속되자 시민단체는 정 군수에 대한 주민소환운동을 진행하겠다고 밝혔다.

정상혁 군수 사퇴촉구 기자회견을 진행한 보은민들레희망연대도 본격적으로 주민소환운동 준비에 들어갔다.

김원만 사무국장은 "보은민들레희망연대 뿐만 아니라 보은지역의 단체들과 논의해 비상대책위원회를 구성할 예정"이라며 "주민소환 절차에 따라 차근차근 준비하겠다"고 말했다.

주민소환 추진 위해
'정상혁 보은군수 퇴진 운동본부' 출범

2019년 9월 5일 보은지역 시민사회단체로 구성된 '정상혁 보은군수 퇴진 운동본부'가 출범했다. 이 단체는 정상혁 군수에 대한 주민소환을 추진하기 위한 목적으로 구성됐다.

보은지역 종교·노동·문화·예술·환경단체 대표와 개인 등 32명이 참여했다.

이들은 2019년 9월 9일 보은군청에서 기자회견을 열고 정 군수 퇴진운동과 주민소환 추진 계획을 공개적으로 알렸다.

운동본부는 이날 "정상혁 사퇴만이 역사와 국민 앞에 사죄하는 길이며, 보은군민의 정의로움을 국민과 일본과 세계에 알리는 길"이라며 자진 사퇴를 촉구했다.

보은대추축제 전까지 정 군수 퇴진운동을 전개한 뒤 축제 후 주민소환투표 청구인 대표자 선정 등 주민소환 절차를 추진하기로 했다.

정상혁 군수가 공개적으로 사과를 했지만, 이는 형식에 불과했다. 운동본부가 활동에 들어가자 보은군은 보이지 않게 이들에 대한 '입틀막'을 시작했다.

먼저 운동본부가 보은군 전역에 군수를 비판하는 현수막을 게시하려 했지만 보이지 않는 힘에 의해 제지당했다.

운동본부에 따르면 2019년 9월 9일 오전 정 군수의 사과와 사퇴를 요구하는 내용을 담은 현수막을 게시하려 했다. 이를 위해 보은군 현수막 지정게시대를 위탁관리하는 광고업체에 게시를 의뢰했다.

광고업체는 군수를 비방하고 선동하는 내용이어서 현수막을 게시할 수 없다고 요청을 거부했다.

김원만 운동본부 사무국장은 "평상시에는 요금을 내고 요청하면 현수막을 게시할 수 있었다"며 "군수를 비판하는 내용을 걸 수 없다는 것이 이해되지 않는다"고 말했다.

보은군 관내 광고업체 2곳에 게시를 문의한 결과 이들은 모두 보은군 핑계를 댔다.

광고업체 관계자는 "현수막을 게시하기 전에 보은군의 심의를 통과해야 하는데, 보은군수를 비판하는 내용이 들어가면 심의를 통과할 수 없다"며 "심의를 통과하지 못한 게시물은 부착할 수 없다"고 말했다.

보은읍 관계자는 "정 군수를 비판하는 내용의 현수막일 경우 개인 비방에 해당돼 허가하지 않을 것"이라고 밝혔다.

2019년 9월 9일 보은군 지역 시민사회단체로 구성된 '정상혁 보은군수 퇴진운동본부'가 기자회견을 열고 공개적인 활동을 시작했다.

주민소환운동!
드디어 시작되다

운동본부, 2019년 12월 10일 주민소환운동 선포

　관내 이장단 워크숍에서 일본을 옹호하고 위안부를 비하하는 발언으로 물의를 빚은 정상혁(자유한국당) 보은군수에 대한 두 번째 주민소환운동이 시작됐다.
　2019년 12월 10일 충북 보은지역 시민단체와 종교·노동·문화·예술·환경단체 대표와 개인 등 32명으로 구성한 '정상혁 보은군수 퇴진 운동본부'는 보은읍 중앙사거리에서 기자회견을 열고 주민소환운동을 선포했다.
　이들은 주민소환운동에 대해 "정상혁 보은군수의 친일망언, 아베 정권 두둔, 위안부 피해 할머니들에 대한 모욕적 언사는 동학의 성지이며 의병의 고장에 살고 있는 보은군민으로서 치욕적인 일이 아닐 수 없다"고 밝혔다.
　또 정상혁 군수가 자신의 측근인사 개인소유의 농지에 수천만원을 들여 생태 블록 수로 공사를 해준 점, 60억원이 들어간 훈민정음마당에 개인의 이름을 금빛으로 새긴 점 등에 대한 군민들의 원성이 높다고 주장했다.
　정상혁 군수에 대한 주민소환운동은 과거에도 진행된 적이 있다.
　2013년 정 군수가 보은군 삼승면에 LNG발전소 유치에 나서자 반

2020년 1월 30일 보은민들레희망연대를 비롯해 보은지역 시민사회단체, 민주노총충북본부, 정상혁 보은군수 퇴진운동본부 등은 30일 충북지방경찰청 앞에서 '보은군수 주민소환 방해활동 진정' 기자회견을 열었다.

대투쟁위원회가 주민소환을 추진했다. 하지만 정 군수가 발전소 유치를 중단하면서 주민소환운동도 함께 종료됐다.

당시 주민소환을 추진했던 관계자에 따르면 발의에 필요한 서명을 받았던 것으로 전해진다. 따지고 보면 정상혁 군수에 대한 주민소환 실현 가능성은 매우 낮았다. 요건이 매우 엄격하기 때문이다.

정 군수에 대한 두 번째 주민소환운동 시작

정 군수 주민소환 투표 발의 요건이 충족되려면 2018년 12월 말 기준 19세 이상 보은군 인구 2만9534명 가운데 15%인 4431명 이상이 찬성 서명해야 한다.

서명은 선관위의 청구인대표자가 공표일로부터 60일 안에 받아야 한다. 청구인대표자가 위임한 사람이면 누구나 서명받을 수 있지만 호별 방문해 서명받는 것은 안 된다.

주민투표 조건이 갖춰지면 주민소환 투표가 진행되고, 투표권자 3분의 1 이상이 투표하고 과반이 찬성이면 정 군수는 직위를 잃는다.

2007년 주민소환법을 시행한 후 2019년 12월까지 총 93건의 주민소환을 시도했고, 이 가운데 8건이 투표까지 가 하남시 의원 2명이 주민소환으로 직위를 잃었다.

그만큼 가능성이 낮았고, 주민소환의 여정은 매우 험난했다.

"보은군의 조직적인 주민소환 방해, 더 이상은 못 참아"

운동본부 출범 당시 현수막조차 제대로 게시하지 못했던 상황은 바뀌지 않았다. 운동본부에 따르면 보은군은 이런저런 방식으로 주민소환운동을 방해했다.

운동본부가 제기하는 첫 번째 방해행위는 현수막에 대한 것이었다.

이들은 "주민소환을 지지하고 찬성하는 현수막은 보은에서 제작할 수 없었고, 단 한 장도 지정 게시대에 걸지 못했다"고 했다.

보은군은 처음에 선관위가 허락을 하지 않아서 게재할 수 없다고

운동본부 보은군의 조직적인 방해로 주민소환 지지 현수막을 단 한장도 걸 수 없었다고 분통을 터뜨렸다. 좌측은 주민소환 반대 현수막이 보은지역 지정게시대에 걸려있는 모습. 우측은 운동본부가 기자회견을 하면서 바닥에 놓은 현수막 모습.

하더니 나중에 선관위가 허가한 후에도 군수는 공인이 아닌 개인이고 선관위에서 허가해 준 현수막 문구가 개인의 비방에 해당하기 때문에 걸 수 없다고 했다. 반면 주민소환 반대 현수막은 보은군 곳곳에 걸 수 있도록 허가해줬다.

운동본부가 제기한 보은군의 두 번째 주민소환 방해활동은 보은군이 읍면에 공문을 발송한 행위다.

보은군은 주민소환운동이 시작되자 이·반장, 주민자치위원들에게 주민소환 서명 철회방법을 안내하는 공문과 이·반장, 주민자치위원뿐 아니라 공무원, 농협직원, 교사 등은 주민소환서명을 할 수 없다는 내용의 공문을 보냈다.

오황균 운동본부 고문은 "주민소환 서명을 한 사람에게 철회방법을 알려주는 공문을 보내는 행위는 편파적이고 불법적인 행위"라며 "더 이상 참을 수 없다. 보은군의 불법적인 행위에 대해서 진정을 내고 처벌해 줄 것을 요청한다"고 말했다.

운동본부는 기자회견을 열어 "상식과 도덕이 통하지 않는 보은군에 살고 있는 우리는 처절할 정도로 허탈했다"며 "우리가 살고 있는 사회를 흔히 민주주의 사회라고 알고 있는데 보은만은 예외였다"고 주장했다.

이어 "우리는 보은군수의 직위를 이용하여 하위직 공무원을 압박하고 일방적으로 주민소환 반대의 목소리는 합법이라고 하면서 주민소환을 지지하고 찬성하는 목소리는 불법이라고 하는 말도 안 되고 상식으로도 이해가 가지 않는 보은군수의 행동을 심판하고자 충북지방경찰청에 진정서를 접수하고 철저한 수사를 통해 위법사항에 대하여 처벌할 수 있는 조치를 취해 줄 것을 강력히 요구한다"고 강조했다.

끝내 좌절된
'아베 군수' 주민소환

2020년 2월 주민소환청구 4679명 서명서 제출했다 자진 철회, 왜?

2020년 2월 18일 '정상혁 보은군수 주민소환 추진을 함께한 사람들'이 18일 주민 4679명이 서명한 정상혁 보은군수 주민소환 투표 청구서를 보은선거관리위원회에 제출했다.

제출된 서명용지 4679명은 주민소환투표 요건인 4400여명을 뛰어넘은 숫자였다.

운동본부는 서명용지를 제출하면서 "반대 측의 전방위적인 방해에도 불구하고 깨어있는 보은군민들은 기꺼이 서명해주셨고 수임인들에게 격려와 지지를 보내주셨다"며 "정상혁 군수에게 군민들의 준엄한 명령과 뜻을 분명히 전한다"고 밝혔다.

또 "보은군 전체 공무원들은 지금 이 시점 이후부터 정치적 중립의 무를 준수하고 진정 보은 군민들을 주인으로 섬기는 본연의 자세로 돌아와 주길 요청한다"고 말했다.

정상혁 보은군수 주민소환 추진위원회(추진위) 서성수 대표는 "정상혁 보은군수 주민소환에 대한 보은 군민의 뜻이 명확해졌다. 불통행정 보은군수에 대한 주민소환 투표를 즉각 실시하라는 준엄한 명령"이라며 "온갖 방해와 어려움에도 서명해주신 군민 여러분에 감사를 전한다"고 말했다.

2020년 2월 18일 '정상혁 보은군수 주민소환 추진을 함께 한 사람들'이 정상혁 보은군수 주민소환투표 청구서를 보은선거관리위원회에 제출했다.

민주노총 충북지역본부 김선혁 수석부본부장은 "보은군민 4600명 이상이 자발적으로 서명을 했다는 것 자체를 정상혁 군수는 깊이 고민하고 반성해야 한다. 민주주의를 지향하는 보은군이 되길 기대한다"고 말했다.

정상혁 군수의 반격 "서명자 명단 공개해라" 사실상 살생부 요청

정상혁 보은군수 주민소환운동본부는 2020년 2월 18일, 주민 4671명이 서명한 정 군수 주민소환 투표 청구 서명부를 보은군 선관위에 제출하고 주민소환 투표를 요구했다.

그러자 2020년 4월 27일 정상혁 군수는 보은군 선관위에 주민소환

투표를 청구한 읍면별 주민 명단을 정보공개 요청했다. 반격에 나선 것이다.

충북선관위가 정보공개법심의위원회를 열어 최근 일부 공개를 결정했다.

선관위는 정보공개법상 서명부 공개를 제한할 근거가 없다며 공개가 불가피하다는 입장이다. 정보공개법은 국민의 알 권리를 충족하기 위해 마련된 법이다.

정보공개법에서는 성명·주민번호 등, 공개될 경우 사생활의 비밀 또는 자유를 침해할 우려가 있다고 인정되는 정보는 공개하지 않을 수 있다. 그러나 법령에 따라 열람할 수 있는 정보는 예외로 규정돼 있다.

이때 주민소환청구 서명부는 '열람할 수 있는 정보'에 해당한다는

2020년 5월 15일 정상혁 보은군수 주민소환 추진위원회 수임인 대표 서성수 씨(왼쪽)와 흥승면 집행위원장(오른쪽)이 기자들 질문에 답변하고 있다. 이들은 이날 정상혁 군수에 대한 주민소환을 자진 철회했다.

게 선관위의 설명이었다.

운동본부는 크게 반발했다. "좁은 지역사회에서 명단이 읍면별로 공개된다는 건 개인 신상이 모두 드러나는 것이다. 공권력을 쥔 정상혁 군수에게 '살생부 명단'을 제공하는 것"이라고 말했다.

그러면서 "주민은 서명부 열람 방법이 제한되어 있는데도 불구하고, 군수에게 명단 일제를 복사해 준다는 건 주민 사생활의 비밀과 자유를 침해하는 일일뿐만 아니라, 주민소환투표에 대한 공정성을 심각하게 회피하는 것"이라고 선관위의 이번 정보공개 결정을 강력 규탄했다.

충북선관위는 주민들의 문제 제기가 타당하다면서도 공개는 불가피하다는 의견이다. 선관위 관계자는 "주민들이 제기하는 사생활 침해나 투표의 비밀 침해 같은 우려에 대해 우리도 공감하고 있다. 선관위 심의도 거쳤지만 규정상 어쩔 수 없는 부분이 있다. 선관위 차원에서 (국회에) 개정 의견을 내고 있다"라고 입장을 밝혔다.

살생부 명단에 떠는 군민, 눈물 머금고 자진 철회

서명부 공개열람이 시작된 2020년 5월 15일 보은군에서는 운동본부가 우려했던 일이 실제로 일어났다.

운동본부에 따르면 A씨가 주민소환장에 서명을 한 사람에게 전화를 걸어 왜 서명을 했냐며 따지는 일이 발생했고, 또 다른 이는 서명을 한 사람들을 군청으로 불러 모으기도 한 것으로 알려졌다.

서명에 참여한 주민들은 정상혁 군수시절 권위주의적 통치행정을 봐온 터였다. 이름을 빼달라는 사람들이 생겼다.

운동본부는 긴급하게 기자회견을 열었다. 이들은 기자회견문에서 "오늘(15일)은 주민소환 서명부를 열람하는 첫날이다. 서명부 열람은 서명한 당사자가 이의신청을 하기 위해 7일 동안 열람하도록 하는 것이 취지다. 그러나 정상혁 군수 측근들과 일부 단체장, 이장, 지역의 유력인사들이 선관위에 장사진을 치고, 서명부를 열람한 후 지역별로 누가 서명했는지 취합하고 색출하기 위해 안간힘을 다하고 있는 광경을 목격했다"며 "주민주권을 실현하는 주민들의 열망을 꺾고자 하는 참상을 보게 됐다"고 설명했다. 그러면서 "주민소환을 철회한다"고 밝혔다.

이들은 "시민참여형 직접민주주의를 실현하기 위해 2004년 도입된 주민소환법은 주민소환을 하지 말라는 법과 같다"며 "현재 권력을 쥐고 있는 단체장과 그 추종세력들이 서명자 명단을 공개 열람하는 취약점으로 사실상 있으나마나 한 법이 됐다"고 비판했다.

운동본부는 "이름만 대면 개인 신상이 모두 드러나는 작은 보은군에서 3선 군수에게 서명부 정보를 제공하는 것은 살생부를 주는 것과 다름 없다"며 "서명한 주민들이 고통을 받게 될 것이 뻔하고 그들과의 신의를 저버릴 수 없어 어렵게 주민소환 철회를 결정했다"며 눈물을 삼켰다.

이렇게 '아베 군수'에 대한 서명운동은 끝이 났다. 하지만 그 누구도 정상혁 군수에 대한 친일 망언으로 촉발된 '주민소환' 운동이 패배한 것이라고 평가하지 않을 것이다.

작은 물방울이 자신의 몸을 깨우며 결국 바위를 뚫듯이, 이들의 시도는 자신의 몸을 내 던진 역사의 승리자로 기억할 것이다.

그들의 도전과 투쟁을 잊어선 안 된다. 불망(不忘)!

파묘

2024년 5월 28일 초판 1쇄 발행

집 필	김남균
디자인	서지혜
펴낸이	주식회사 충북인뉴스
펴낸곳	(주)충북인뉴스

등록 2021년 1월 26일(제573-2021-000007호)
충북 청주시 흥덕구 사직대로 42-1, 4층
Tel. 043-254-0040 / Fax. 070-7016-2003
E-mail. cbinews043@daum.net

도서공급   도서출판 고두미
          충북 청주시 상당구 꽃산서로8번길 90
          Tel. 043-257-2224 / Fax. 070-7016-0823

ⓒ김남균, 2024
ISBN 979-11-976669-4-0 03910

※ 책값은 뒤표지에 표시하였습니다.
※ 잘못 된 책은 구입한 곳에서 바꾸어 드립니다.